匠心筑梦：大学生眼中的劳模

主　编　逯　改　淦爱品
副主编　戴天晟　戴　秦　叶　纲

上海交通大学出版社

内容提要

本书以案例形式，介绍了新时代的劳模及其事迹，并附上高校学生对劳模的访谈心得。全书分为“家国情怀之理想信念”“砥砺奋进之开拓创新”“执着追求之爱岗敬业”“匠心独运之精益求精”“无私奉献之淡泊名利”五个部分，共介绍了15位劳模。本书可读性强，有利于弘扬社会主义核心价值观，引领青年读者加强思想道德建设。

图书在版编目(CIP)数据

匠心筑梦：大学生眼中的劳模/逯改，淦爱品主编．—上海：上海交通大学出版社，2019(2025重印)

ISBN 978-7-313-21793-6

Ⅰ．①匠… Ⅱ．①逯…②淦… Ⅲ．①劳动模范—先进事迹—中国—现代 Ⅳ．①K820.7

中国版本图书馆CIP数据核字(2019)第176604号

匠心筑梦：大学生眼中的劳模

JIANGXIN ZHU MENG：DAXUESHENG YANZHONG DE LAOMO

主　　编：逯　改　淦爱品

出版发行：上海交通大学出版社　　地　　址：上海市番禺路951号

邮政编码：200030　　电　　话：021-64071208

印　　制：上海新艺印刷有限公司　　经　　销：全国新华书店

开　　本：710mm×1000mm　1/16　　印　　张：9.25

字　　数：136千字

版　　次：2019年10月第1版　　印　　次：2025年8月第5次印刷

书　　号：ISBN 978-7-313-21793-6

定　　价：42.00元

劳模教育丛书

编　委　会

主　任　叶银忠

副主任　淦爱品　陈必华　张荣富

成　员　王梦林　王　磊　叶　纲
兰宇新　刘严宁　张　航
祝世彬　徐文越　崔娜娜
逯　改　戴天晟　戴　秦

本书编写组

主　任　叶银忠

副主任　淦爱品　陈必华　张荣富

撰　稿　王梦林　叶　纲　兰宇新
刘严宁　张　航　祝世彬
徐文越　崔娜娜　逯　改
戴天晟　戴　秦

序　言

习近平总书记在党的十九大报告中指出:“建设知识型、技能型、创新型劳动者大军,弘扬劳模精神和工匠精神,营造劳动光荣的社会风尚和精益求精的敬业风气。”大力弘扬劳模(工匠)精神,充分发挥劳模(工匠)示范引领作用,既是培养中国特色社会主义建设者和接班人的必然要求,也是我国经济社会发展的现实需要。

在我国,劳模精神的内涵经历过三个阶段的演化。一是萌芽阶段。这是指中国革命战争时期的劳模精神。其内涵是:以爱党拥军和大无畏的革命英雄主义为鲜明底色,以热爱劳动和高度的主人翁责任感为崭新面貌,以创造精神及掌握娴熟的技能为内在需求,以艰苦奋斗、自力更生、埋头苦干为行事作风,以争创一流、无私奉献、团结群众为品格特色。二是发展阶段。这是指新中国成立以后三十年的劳模精神。其内涵表现为:以坚定理想、忠党爱国、服从组织为崇高信念,以自强不息、艰苦创业、奋发图强为优秀基因,以爱岗敬业、忘我劳动、多做贡献为品质标准,以团结协作、勇于革新、淡泊名利为价值追求。三是成熟阶段。这是指改革开放以来的劳模精神。其内涵体现为:以爱岗敬业为基础,以争创一流为灵魂,以艰苦奋斗为本色,以勇于创新为核心,以淡泊名利为境界,以甘于奉献为底色。这三个阶段,劳模精神的内涵虽然有所不同,但核心价值没有变,都深刻体现了爱国奉献、勤劳勇敢、自强不息的民族精神,诠释着改革创新、奋勇争先、争创一流的时代精神,它是中国精神的重要组成部分,是中国特色社会主义文化自信的重要来源。

劳模的精神和力量有其时代的特点、内涵和价值。劳模是时代精神的引领者，劳模精神是一个民族特定时期的核心价值和思想道德的标杆，深刻地揭示了时代思想和人文精神的内核。因此，我们要以习近平新时代中国特色社会主义思想为指导，立足新时代中国特色社会主义的伟大实践，全面系统理解劳模精神的科学内涵，把握其时代价值和意义。高等学校应努力成为劳模（工匠）精神的研究者、宣传者、践行者，在高校践行劳模（工匠）精神，就要把其融入课堂教学、社会实践的具体环节之中，要通过举办劳模事迹报告会，开设劳模大讲堂，聘请劳模工匠担任兼职教授、德育导师等形式，推动劳模精神和工匠精神进学校、进教材，不断探索弘扬劳模（工匠）精神的好方法和新模式。

上海城建职业学院是上海乃至全国最早开展劳模育人的高校之一，早在1983年，学校前身之一的上海工会管理职业学院就开设了“劳模班”，多年来不断探索实践，传承“劳模育人导师制”，共有260多名劳模走进校园，为新生上“大学第一课”，每年都有40余名劳模成为学生的德育老师、专业导师和就业导师，高少萍、王军、赖水顺、陈宝莲等80多位全国知名劳模被我校聘为劳模导师。这一制度深化了劳模精神对校园文化建设的引领作用，打造了劳模导师在职业教育和品德教育方面的品牌效应。

党的十九大以来，面对更高的办学目标和追求，我校注重人才培养模式创新，将传承和弘扬劳模精神融入人才培养的全过程。2017年12月成立了“新时代劳模（工匠）精神教育中心”和“新时代劳模精神研究所”，并聘请22位劳模作为学校特聘教授，还对应每个专业建立了劳模育人实践基地，充分发挥劳模（工匠）精神在人才培养中的引导、示范和辐射作用。2018年，学校开设了全国首个“劳模（工匠）精神教育实验班”，并以此为班底组建了“走近劳模实践团”，获得了2018年“知行杯”上海市大学生社会实践项目大赛二等奖。上海城建职业学院围绕“立德树人”的根本任务，在积极推进劳模（工匠）精神育人新体系建设方面做了大量工作，取得了可喜成效，为我校建设国内领先、国际有影响力的建设与管理类应用技术型高校提供了强大的精神动力，也为构建新时代高校育人新体系提供了实践支撑和参考。

上海城建职业学院为了更好地总结多年来在劳模（工匠）精神育人新体系方面的工作经验，也为了使此项工作成为具有思想性、理论性、知识性和操作性的行动指南，特编著了“劳模教育丛书”。丛书讲述了革命、建设、改革各个时期一个个直击心灵的劳模故事，饱含着劳模们对国家、对民族、对社会的强烈的责任感，仿佛让我们穿越了时空，化身为光阴的使者，倾听他们的故事，感受他们炽热的情愫和家国情怀。

这套丛书既有对劳模精神的历史回顾和理论阐述，又记录了许多劳模的精彩人生经历，旨在帮助广大读者理解和思考劳模精神的思想内涵，树立劳动最光荣、劳动最崇高、劳动最伟大、劳动最美丽的理念；希望广大读者能够从本职工作出发，胸怀全局，焕发劳动热情，释放创造潜能，成为新一代劳模精神的倡导者和践行者。

这套丛书的出版，在上海城建职业学院劳模精神育人工作中具有里程碑意义，也为上海高校思政工作提供了鲜活教材。上海城建职业学院探索劳模精神育人的一些经验，可供同类院校借鉴，也希望得到广大同行的指导和支持，共同推动劳模（工匠）精神育人取得更大成效。

上海城建职业学院党委书记

诸　敏

2019 年 6 月 30 日

目　　录

匠心筑梦

第一编

家国情怀之理想信念

志存高远　青春融入“中国梦”：熊熊的故事

熊熊，女，1983年11月出生，江苏南京人，现任上海地铁第一运营有限公司人民广场站副站长。2002年7月参加工作，2010年10月加入中国共产党，华东师范大学旅游管理专业毕业，在职大学学历。2007—2009年度上海市劳动模范和先进工作者。2009—2010年度上海市“三八红旗手”标兵提名奖获得者，2011年全国五一劳动奖章获得者，2015年全国劳动模范，第十八届“上海十大杰出青年”。

人生转折，谋求新发展

19岁那年，熊熊中专毕业后进入申通地铁集团工作，最初从事车站自动售检票工作，很快就成为业务骨干。由于企业改革，2007年，她从一名技术人员转岗，从零开始，成为地铁一号线上海火车站站点的窗口服务人员。这是她自己主动选择的。刚刚站在人潮涌动的地铁站台的她十分不习惯——每天要接受三四千次的询问，不少问题都是简单而重复的："我该上哪里买票?""火车站出口怎么走?"机械而乏味的工作曾令她感到又累又烦，喉咙疼痛难忍，回到家不想说一句话。"就连睡梦里都是工作场景，还会重复说'前面买票'这些梦话。"回忆当时的心情，熊熊记忆犹新。刚转岗时，熊熊对服务员这个岗位有点瞧不起，服务员嘛，一点技术含量都没有，人人都能做。然而，在日积月累的工作中，她渐渐发现，要做好服务，让乘客带着满意离开，实在不那么简单。于是她坚持一个信念：要尊重工作，对每一份工作都要有认真的态度，认真付出就会有很好的回报，社会也会因为你的付出而最终回馈给你；做好自己手头的每一份工作，调整好自己的心态，不高估和低估自己的能力和价值；在普通平凡的岗位上，面对着社会大众，要展现出你的善意和真诚，还要有专业的职业素养，这才是一个最好的选择。

有一次，一名男青年将一堆撕得粉碎的车票摊在熊熊面前，要求熊熊将车票拼起来。面对这个十分无理的要求，熊熊愣住了，这可跟工作范围完全无关啊！可是，如果拒绝的话，势必会引起一场纠纷，影响车站的正常秩序。怎么办？她偷偷打量了男青年几眼，见他怒气冲冲，便试探着和他聊起来，原来，男青年因为一些琐事与女友发生了争吵，女友一怒之下将他去外地的火车票撕碎了，为了发泄怨气，男青年将地铁服务员当作了"出气筒"。摸清事情缘由后，熊熊找到了解决问题的方法，她以同龄人的身份与男青年谈心，劝他给女朋友打个电话，终于，在她的调解下，男青年在电话中得到了女友的谅解，终于收起怒气，笑着离开了服务台。这件事情使她意识到：她每天在地铁一号线上海火车站的站台上，会接触到各种各样的人——有的是来自全国各地的打工者，扛着大小包裹，为丢失的一张地铁票或多付了一元的车票钱而情绪失控；有的是离家出走的人；有的是精神不正常的人；还有孩子等，都是自己的服务对象。慢慢地，自己对他们的态度也改变了，从开始的高高在上到现在的平易近人，从冷硬地直接告诉他们应该如何去做，到后来，慢慢地平等对待所有的人。而她在工作岗位上的付出也得到了普通人最真诚的回馈，这种喜悦只有长期在第一线工作的人才能体会到。

同事们曾戏称她为“民工之花”，只要她站在服务台前，前来问询的乘客十有八九都会直奔她去，有时甚至会绕开挡在前面的志愿者，十分执着地向熊熊咨询。她也为此感到困惑：“也许是天生的亲和力？连我自己都搞不懂。”在日复一日的平凡工作中，她渐渐地发现了自己的价值：“每当我为乘客解决了一个小小的困难，他们总会投来感激的笑容，真诚地道声‘谢谢’。有时候，朴实的乘客还会送来一瓶饮料或者从包里掏出橘子塞到我手上。”那时候，熊熊感到这个世界特别美好，也感受到这份工作的意义所在。多年的实践告诉熊熊：这份工作随时随地都会遇到困难，各种类型的问题随时会以突发的形式出现，而且需要马上拿出解决方法。虽然有很多预案的准备，但是，每一个问题的解决都需要自己付出最大的努力。问题源源不断地来，需要自己不断地去解决，这也是一个不断提高自身能力的过程。

两平方米服务台，温暖了千万人

火车站内客流量大，乘客来自天南海北，车站内每天有大约26万人次的客流，不少人需要咨询和帮助。2008年初，在申通地铁集团的支持下，熊熊提议的两平方米“小熊为您服务台”作为全市首家地铁服务台，在上海火车站亮相。

每天，服务台询问量高达4 000多人次。为了更快更精准地回答乘客的问询，熊熊用心整理了上海市的各种分类信息，原本出门分不清东西南北的她天天翻地图，翻烂了七八张交通图，终于将上海主要道路的名称、走向牢牢地“刻”在脑海中；为了帮助突发疾病的乘客，她还准备了各类便民物品、应急医药用品，以备不时之需。有一年春节前，看着地铁里喜气洋洋赶回家过年的外来务工人员，熊熊和同事们突发奇想——就要过年了，何不给乘客们也发上一个红包，表达一下心意？他们买来了一摞摞簇新的红包，将最新的地铁线路图装在里面，发放给每一位经过服务台的乘客，看到乘客们收到红包后的开心笑容，他们也感到自己的付出值了！

区区两平方米的服务台不仅为乘客提供咨询，甚至成了“爱管闲事”的“老娘舅”。2009 年春运期间，一位农民工带着 80 岁高龄的老母亲颤颤巍巍地找到服务台，原来，这对母子提前一天赶到火车站，谁料春运期间限制客流，这两位经济拮据的乘客无处可去，这位 50 岁的农民工急得满头大汗。了解到他们的困难后，熊熊急忙找铁路服务台寻求帮助，并将他们安排在服务台休息，直到第二天把他们安全送上车，熊熊才放下了那颗悬着的心。

一名外地来沪的中年女性要寻找多年未曾谋面的高中同学，服务台千方百计地为其联络，终于让老同学相聚；来自金山的一位老人不慎将土地证遗失，误打误撞来到服务台，熊熊和同事们二话没说，足足打了半个多小时电话，总算帮老人打听到补办土地证的手续……每次遇到询问和需要帮助的人时，熊熊总是用“您好”开始，以“再见”结束，带领自己的同事为往来旅客撑起一片温暖的空间。

创建“3D 服务”工作室，迎接新挑战

2012 年，上海新建 8 条轨道交通线并完成部分延伸段，新建线路总长达 389 千米，上海轨道交通迈入了一个新时代。这一年，在企业的培养下，熊熊从一名普通的服务员成长为人民广场区域站副站长，并成立了以她名字命名的劳模工作室——熊熊“3D 服务”创新工作室。

从服务岗位到管理岗位，熊熊面临着又一次转型。带着一点迷惘，头顶各种荣誉光环，她又一次从零起步。

人民广场换乘区域总面积达 48 000 多平方米，共有 18 个出口，是上海

轨道交通1号线、2号线和8号线的三线换乘枢纽，每天平均客流量高达50万人次。如何带动大家共同提升服务质量，满足乘客日益增长的需求？喜欢动脑筋的熊熊将目光放在了创新服务上。

在公司的支持下，熊熊带领团队成立了“3D服务”创新工作室，所谓“3D服务”创新工作室，就是“培养有活力的（Dynamic）员工队伍，树立全心全意的（Devoted）服务理念，使乘客感受一段愉悦的（Delightful）地铁旅程”。

2013年，熊熊和工作室的成员们通过调研，发现上海整个轨道交通网络中每年有近万人次的志愿者活动，上海每天乘坐轨道交通的客流量高达数百万人次，志愿者无疑将成为帮助地铁工作人员疏散客流、维持正常秩序的重要力量。如何让志愿者充分发挥作用？工作室把为志愿者们做好培训、向志愿者提供必要的信息作为创新课题，编写了《人民广场站志愿者培训手册》，弥补了之前志愿者非专业化、针对性培训不足、作用难以发挥的缺陷。2013年1月1日，伴随着悠扬的音乐，上海地铁人民广场站音乐角闪亮登场。为了确保音乐角每一次演出的质量，保证“音乐迷”的视听感受，在每一次演出前，兼任“文化站长”的熊熊都会联络协调各表演单位，宣传报道节目预告，检查现场设施设备的运作情况。在每一次演出时，她都会前往现场，做好现场的指挥维护工作，处理现场的突发状况，为人民广场枢纽站公共文化项目实施助力。两年来，人民广场音乐角已不间断地为过往乘客送上了200余场丰富多彩的视听盛宴，也逐渐形成一种海派地铁文化。

2014年，熊熊“3D服务”创新工作室推出了青年员工自己的微信公众平台——“微in地铁之熊熊3D服务工作室”，通过每日固定的三个板块和一个值班板块拓展了服务的渠道，拉近了与乘客的距离，在提供虚拟服务的同时也向微信粉丝讲述着地铁服务员与乘客之间的故事，以及地铁服务员岗位成长中的点点滴滴。创新工作室还与上海工会管理职业学院签订了“劳模育人实践基地”共建协议，工作室每年将接待800人次以上的大学生进行社会实践和岗位培训。

尽管已过而立之年，然而熊熊依然记得儿时那个“做舞蹈家”的梦想，虽然没有圆梦，但她坚信：“没有卑微的工作，只有谦虚的心态。平静面对生活工作的变化，从地铁维修工转变为服务员，需要有一段时间去调整，对自己从事的新工作要有新的认知。”虽然没能成为一名舞蹈家，但她在上海轨交这个更大的舞台上找到了自己的位置，虽然没有掌声和鲜花，但她却收获了更多的成功和喜悦。

采访心得

（一）

干一行就要爱一行，爱一行就要学一行，“苦干加巧干”，采访劳模熊熊给我的最大印象就是：她喜欢“用脑子干活”。她所取得的每一个成功都包含着这两个方面：巧干加苦干。她的成功告诉我：世界上的事情都是人干出来的，事在人为。无论干什么，要取得卓越的成就，首先离不开一个“干”字和一个“拼”字。要“巧干”、要“苦拼”，就意味着要吃苦耐劳、搏击风雨、勇往直前。熊熊在追求自己人生价值的征途上，爱拼还敢拼，碰到困难的时候，她总是有排除万难、不怕吃苦的勇气；还有耐得住寂寞、经得起挫折的一股韧劲。她这种持之以恒、百折不挠的精神是值得我们学习的。其次就是巧干，只有仔细观察，找出问题症结之所在，提高自己观察人和事的能力，以及抓住核心实质的能力，才能解决好工作中的问题。劳模熊熊在地铁服务岗位上一干就是近十年，通过和各种人的不断交流，提高了自身解决问题的能力。巧干，就是用脑子去干；苦干，不是仅仅拼体力，更多的是拼知识、拼能力、拼思维。多想，多学，熟能生巧，巧能生精。

熊熊劳模清楚地知道自己想要的是什么，知道如何将事情办好，如何在最大限度内运用自己的技能、天赋、精力和知识帮助别人解决问题。熊熊劳模说，工作中不仅仅有我们喜欢做的事情，还有很多我们虽然不喜欢，但是必须完成的工作，因此一定要有坚定的意志、高度的热情、使命感和自信心，还要有对于成功的渴求，这些最终会给我们带来意想不到的收获。

熊熊是一个很和蔼的大姐姐，采访中给我们提了很多中肯的建议，消除了我们的顾虑，她的话语深深印刻在我们每个人的心中，相信在以后的生活和学习上会让我们受益良多。

（二）

劳模精神折射出一个时代的人文精神，反映出一个民族在某一个时代的主流价值和思想道德取向。劳模是时代的先锋，他们不怕苦、不怕累，讲奉献、比贡献，将自己的满腔热血和聪明才智挥洒在他们的时代和他们的行业中，为社会主义建设做出积极的贡献，他们的精神如同阳光一样照耀着整个时代。

今天，我们有幸采访了申通地铁公司的劳模熊熊。在她十多年的工作生涯中，她以踏实勤奋的工作作风、严肃认真的工作态度、勇挑重担的奉献精神得到了乘客的衷心称赞，得到了部门人员的高度赞扬，得到了公司领导的充分肯定，也因此获得了许多荣誉称号。她背后的付出是我们无法想象的：中途改行，从事自己不熟悉的工作岗位，面对工作中的各种困惑……但她没有退缩，没有自暴自弃，始终认真面对自己遇到的每一个问题，并想办法去解决，没有坚定的理想信念是做不下去的。

地铁服务大部分都是琐碎小事，这些小事的解决既能满足乘客之所需，也能很好地展现出工作人员的能力和素质。一滴水可以折射阳光的五彩光辉，处理好地铁中的点滴小事，也能展现出新时期优秀共产党员的精神风貌，即使身处平凡的岗位，也能展现出一个共产党员应有的模范带头作用，让自己普通的人生变得更有意义和价值，劳模熊熊就是这样一个人。

在采访中和采访结束后的交谈过程中，我能深切地感受到熊熊劳模所具备的那些素质和能力。从年龄上来说，熊熊是一个可爱的大姐姐；从工作经验上来说，熊熊就像一盏明灯，给我提了很多很好的人生发展建议。我应该用自己的实际行动学习她身上爱岗敬业、争创一流、艰苦奋斗、勇于创新、淡泊名利、甘于奉献的精神，并将这种精神投入到日后的学习与工作中去！

（本感想由陆新宇整理，参加采访人员：刘海龙、李冬梅、陆新宇）

胸怀天下　集体主义放光芒：
翟保海的故事

翟保海，1965 年 11 月出生，汉族，本科学历，现任上海良友海狮油脂实业有限公司设备技术部经理。1984 年获得上海市劳模和“新长征突击手”称号；2012 年获得上海市首席技师千人计划项目资助，在良友集团内建立了以他名字命名的劳模创新工作室；2013 年获得全国五一劳动奖章，2017 年再次获得上海市首席技师项目资助。

国企舞台展现个人能力

1965年出生的翟保海从当时的上海粮食系统中一所不起眼的技校（上海市贸易学校）毕业，因为动手能力强、成绩优异而留校工作，不久便到粮食局下属的油脂一厂从事钳工工作，在那里一直工作到现在。由于自身的知识储备不足，师傅在技术传授上又很保守，未传授关键技能，翟保海的自尊心受到很大打击，在刚进企业的第一年里就感受到巨大的压力。但是，他清醒地认识到，要想在企业中站住脚，必须有过硬的技能和本领。带着一股不肯服输的精神，翟保海通过自学来解决自身知识的不足，因为不能脱产学习，便充分利用业余时间，通过进工人俱乐部和在图书馆读书等方式学习。学习的过程虽然辛苦，但通过自身的努力以及在工厂的实践，他终于成为一名知识与技能都很全面的员工。在进单位的第四年，翟保海凭着自己过硬的专业知识和操作技能，在上海市粮食系统钳工比赛中获得第一名，获得了单位领导和同事的认可，凭着这个成绩，他在1984年获得“上海市劳模”和“新长征突击手”称号。在后来的工作中，翟保海不断地参加行业技能比赛并不断获奖。翟保海在竞赛过程中认识了很多比自己能力强的同行，也认识了包起帆和徐虎这样的全国劳模，在与他们交谈中拓展了自己的视野，感觉到自己和他们之间的差距，并为他们的精神境界所打动。他们的事迹启发了翟保海：别人能搞创新发明，难道我就不行？他是一个不肯服输的人，善于向别人学习，也清楚地知道自己还有哪些不足，因此也从来没有放弃学习。

报效国企，展现团队精神

凭着不断提升的技能和不断拓展的视野，翟保海帮助单位解决了很多棘手的技术问题。但是，他很快认识到：一个人再优秀，能帮助企业解决问题的能力也是有限的，如果一群人优秀，那么国有企业的发展就会更上一个台阶。20 世纪 90 年代，单位交给翟保海一项仿制日本方便面汤料设备的任务，派他去广州学习了一段时间，回来后，他带着企业里一群青年人经过三四个月的努力，凭着集体的智慧和精湛的手工工艺，研制出相应设备部件，解决了单位生产的需要，为企业创造了利润，完成了单位交办的任务，并为企业培养了一批技术骨干。在以后的工作中，他凭着自己的过硬技能，带领一群有共同志向的青年技术人员，帮助企业解决了一个又一个技术难题，为企业取得了一连串的技术改造创新成果。

他在良友集团里第一个推动组建了良友海狮机电实训中心，参与设计了具有良友海狮特点的机械、电气实训模块，配制了各种实验仪器仪表，为工作室开展技改工作和技能考核培训奠定了基础。他还积极推动师徒带教活动，通过示范维修、典型疑难案例分析，有力地提高了班组技能水平，使班组内多人通过国家技师、高级工的技能考核。他还推进单位合理化建议工作，开展技术革新活动，开展了 10L 自动码垛技术改造项目、套膜机更新项目，开发了石灰倒料吸尘装置，搭建了不锈钢跨线平台、发油棚等，得到了生产现场同事的一致好评。

翟保海还在企业开展学术研究，理论联系实际，对学习研究成果进行验证。例如他对企业里“一级大豆油反酸”的问题进行了研究，找出现有生产线中存在的不足，制定方案进行改进，为企业取得了很好的经济效益。在实际工作中，翟保海善于用理论知识结合工作实际，以创新手段解决企业生产过程中出现的复杂问题：他对车间污水处理刮渣机的内部结构进行改造时，根据原先设备供应商提供的图纸和设备结构进行理论分析，提出相应的改造方案，同时在 CAD 软件中进行模拟和可行性实验，最终将其改造为不但具有旋压盖的功能还具有单纯的压盖功能，并取得了良好的效果，为公司节省了大量的改造费用。2007 年起，他参加了外高桥油脂加工项目的建设工作，主要负责设备安装质量与现场安全；2010 年，他担任上海良友海狮油脂实业有限公司技术设备部经理，负责龙吴路和外高桥 2 个加工基地的设备及项目的管理工作。作为部门经理的他，深感责任重大，每次有现场工作时，他都会出现在现场，和手下的员工一起来完成工作。当出现一些难度较高或有一定危险性的工作时，他都亲自完成这些工作。由于在外高桥与龙吴路两个厂区之间来回奔波，为了替单位节省费用，他从不使用公司的公务车，为公司节省了公务车的开支。

翟保海在完成日常管理工作的同时，带领部门技术人员积极参与企业和上海市的科技项目，取得了一系列的成果，其中的主要成果如下：为外高桥、龙吴路基地的公共浴室设计了自动加热系统，为企业节约了大量费用；在外高桥冷凝水热水利用项目中，利用制油车间每小时有 6 吨左右热的蒸汽冷凝水排出的情况，将其利用为洗澡热水，每年可节约能源费用 19 万多元；在外高桥大豆筒仓高料位料位器改造中，将红外式高料位计改造为螺旋桨式机械料位计，安装到位后，至今未再发生问题；在外高桥打包计数系统改造中，采用新计数系统，可在一楼大屏幕上直接显示出皮带出口处的数值，经过改造，使用效果良好，大大减轻了发货人员的工作强度，减少了出错概率；改造了外高桥龙吴路地磅称量管理系统，帮助企业减少了数量误差；对公司蒸汽总阀门进行了改造，减少了人为的调节，同时提高了蒸汽使用的安全性；在吨袋项目中，为了满足豆粕市场的大包装规格，经过多方调研后，决定使用吨袋的方式来包装豆粕，减少了装袋的操作人员，利用行车来代替铲车运送吨袋，减少了堆放时间，提高了安全系数；对企业内部的集装箱装车伸缩输送机和企业照明进行了节能改造，为公司降低了使用成本和用电能耗；在安装浸出车间设备时，及时发现和提出问题，减少了公司的损失，并排除了安全隐患。这些看似不起眼的企业生产项目改造，为企业解决了很多实际难题，节省了费用，也带出了一大批技术能手，而他总是谦虚地说“这些成就是属于大家的”，这种无私的态度获得领导和同事的交口称赞。

翟保海不仅为国有企业创造了大量的物质财富，同时还留下了可贵的精神财富，良友集团专门为他设立了创新工作室，让他带领更多的知识型、技能型、创新型的现代化技能人才，为企业生产部门提供技术设备的可靠保障。翟保海最终成为上海良友集团对外宣传的一张名片，在公司成立 15 周年之际拍摄的纪录片中，他受邀为企业代言。由于他声誉在外，许多外资企业以高薪引诱他跳槽，有很多老板找过他，请他去外资企业工作，他都没有动心，原因是他有一颗感恩的心，觉得单位对他不错，处处支持和照顾他，给他荣誉，他没有理由离开培养自己的企业。

胸怀国企，为企业献计献策

最近几年，大型国有企业越来越受青年学子的欢迎和喜爱。许多进入国有企业的大学生在头几年里遇到了很多问题，翟保海说，年轻人刚刚进入职场，一定要有“付出在先，享受在后”的意识，不能一进来就要这要那；青年员工要有活力和热情，善于动手解决问题，善于学习新的知识和技能；青年人还要处理好单位的人际关系，善于把握住企业给予的机会去证明自己。面对青年人跳槽的现象，翟保海说：“企业员工跳槽是不可避免的现象，年轻人在跳槽之前要三思，尽量做到自己能力得到提升之后再跳槽。”翟保海一辈子从事食品加工行业，对食品安全最为看重，并认为这是对人的良知和良心的拷问，他建议青年人从事任何行业都要坚持这样一种态度和良知。面对国有企业存在的一些弊病，翟保海说，国有企业要通过各种机制对青年人进行考核，考察他们的发展情况，了解他们的需求，尽可能留住对企业发展有利的人才；把一部分人选入发展梯队进行培养，虽然被培养的人不一定就能成为领导，但是成才的概率很高；国有企业要想获得更好的发展，就要给青年人更多的机会，让他们证明自己，要给青年人犯错的机会，而不是一次定终身。青年员工如果能留在国有企业工作，耐得住寂寞和刚开始工作时的低收入，基本上都能获得企业的认可和提拔，这可能需要一段时间，建议青年人不要迫不及待地跳槽去外企或私企。

再过几个月就要退休的翟保海，回顾自己过去几十年的职业生涯，感慨“老骥伏枥，志在千里，烈士暮年，壮心不已”，他说，只要企业需要，他还会重新树立自己未来的奋斗目标，为企业贡献自己的技术能力。

采访心得

（一）

今天，我们采访了上海良友集团的全国劳模翟保海，通过两个多小时的采访，我对这位劳模有了很深刻的了解。

翟保海给我们讲述了他的职业生涯，和我们分享了许许多多的工作感悟。翟保海告诫我们：做好工作并不轻松，需要全身心的投入。工作中即使取得了一点成就，这个成就也并不完全属于自己，应该是集体的力量，一个人只有在集体中才能展现自己的能力。采访中，翟老师还给我们提出了很多中肯的建议：要想在国企中站稳脚跟，年轻人要耐得住寂寞，要上进，在工作中，起初不要在金钱方面有太多的要求，只要做出了成绩，这些问题都能得到解决。针对我提出的跳槽问题，翟老师说，他不反对跳槽，只要自己能力过硬，在哪里都能找到一份不错的工作，反过来，如果你有很好的能力，国有企业也会留住你。

翟保海劳模的忠告，对我触动很大，现在，我已经在企业中实习，将来还会在企业里工作，翟老师的成功经验，以及他的谆谆教诲，一定会助力我未来的职业发展。

（二）

今天，我们去良友公司采访了劳模翟保海，听他讲述了自己的职业发展过程。这次采访，我感触颇多，受益匪浅。翟保海在四十年的工作生涯中，以踏实勤奋的工作作风、严肃认真的工作态度、勇挑重担的奉献精神得到了部门人员的高度赞扬和公司领导的充分肯定，也因此获得了许多荣誉称号。荣誉的背后是相当艰辛的付出。翟保海说，刚刚踏上工作岗位的他并不优秀，存在很多不足，为了参加行业技能比赛，他每日练到午夜12点，早上4点爬起来又接着练，一直练到手指出血，他都没有放弃，凭着一股信念，坚持提升自己的技能，终于成为公司的操作能手。他善于和同行交流，汲取有用的知识和技能。他特别善于团结别人，带领团队收获了更大的成功。他的成功故事告诉我们：有付出必有收获。善于团结人，借助集体的力量也能实现个人的发展目标。

作为一名大学生，毕业后我也会迈入职场，我会记住他的教诲，在事业上取得成就。

（本感想由陆新宇整理，参加采访人员：刘海龙、李冬梅、陆新宇）

坚守信念　铸就精神新高地：
张雄伟的故事

张雄伟，1969年11月出生，启东市近海人。上海市第十三届人大代表，上海市技师协会理事，上海市安装工程集团有限公司第一工程公司工会副主席。1983年9月，入启东市东海中学学习；2006年1月，进入上海城市管理职业技术学院学习；2009年2月，进入上海电力学院电气工程及自动化专业学习；1997年3月，在上海市工业设备安装公司第一工程队当电焊工；2001年5月，任上海市安装工程集团有限公司第一分公司焊工班长。张雄伟先后获得上海市安装工程集团有限公司"技术状元""十佳优秀青年""优秀青年岗位能手""创先争优十带头积极分子""先进生产者"等荣誉称号。2004年，当选上海建筑业首位农民工劳模；2008年，被评为全国优秀农民工；2009年，成为上海市首批居住证转上海户口的40人之一。

结缘焊枪，圆人生梦

1987年，18岁的张雄伟背起沉甸甸的行囊，来到繁华的大上海，初来乍到，面对全然陌生的环境，这个淳朴的农家少年，除了新奇，更多的是迷惘。他说："父亲送我出来闯荡上海，看能不能找到好的发展机会，那时我还是个泥瓦工，后来觉得焊工有前途，是个技术活儿，于是转学焊工，最终，我成为上海市工业设备安装公司第一工程队的一名电焊工。如果我当时不来上海，我可能就是一辈子做个普通的泥瓦工。"

自从握上电焊枪的那一刻起，张雄伟就知道他此生都将与之相伴。为尽快掌握焊接技术，张雄伟牢牢抓住了公司提供的培训机会，不敢有丝毫懈怠：上午，他与其他学员一起学习理论知识；下午，他积极下工地寻找实际操作的机会。他的师傅唐建亚很赞赏他，说他"干活时特别喜欢追根究底，再苦再难都抢着干"。勤奋加上天赋，他很快成为电焊班技术超群的"小剑客"；从技工到技师，再到高级技师，他创下了6年时间职称三级跳的奇迹；他在工作中追求精益求精，他所焊接的管道，经X射线拍片合格率达到100%。1969年出生的张雄伟说，自己的焊工技能的提升几乎和上海改革开发的进程同步，改革开发使他有机会在上海基础设施建设这个大舞台上成就他个人的梦想和理想。

虽然在大公司工作，有组织保障，但收入并不高。最初，张雄伟每月的工资仅为60元，生活捉襟见肘。和他一起学习电焊工的30名同乡，一个接一个地离开了，或做小生意，或跟随施工队远赴新疆打工。然而，张雄伟并没有离开，仍然坚持留在上安集团，因为只有留在这里，才能学好技术。张雄伟心中有个更远大的目标——成为技术型农民工。另外，张雄伟所在的公司是大型国有企业，张雄伟说自己喜欢这里，因为能做一些大型的基础设施工程，能够施展自己的才能，而且企业内部的氛围不错，更重要的是自己的师傅对自己很好，因此一直坚持到现在。为了更好地提升技能，他还利用业余时间，学习有关焊工的专业知识。每晚，同寝室工友都打牌消遣，他就捧着专业书籍，刻苦钻研，经常看书到半夜。休息日，他也从不闲着，常去旧书市场淘回一些自己喜欢的书籍。他说，希望能多学点技术，只有学好技术才能挣更多的钱，做出更大的贡献。在上海奋斗的三十几年里，张雄伟最想感谢的还是自己的师傅。2000 年，张雄伟在当时的安装技校参加高级焊工培训班，因经济拮据，无法支付高级焊工的考试培训费用，他师傅知道后，把自己的工资卡交给他，告诉他密码，让他自己去取钱参加培训。这个高级工的培训和证书对他以后的人生发展非常重要。考出高级工以后两年，他又及时参加了焊工技师的培训班，并获得了技师证书。张雄伟说，如果那时没有高级焊工证书，没有两年的工作经历，就没有资格去参加技师的培训。在这之后的两年，张雄伟又参加了高级技师的培训班，获得了高级技师证书。付出总有回报，张雄伟从技工到技师，再到高级技师，创下了 6 年时间职称三级跳的奇迹。2006 年 2 月，张雄伟成为上海建筑业农民工中第一个高级技师。

与此同时，在本职工作上，张雄伟从没有放松。这二十多年来，他参与了金山石化 70 万吨乙烯工程建设、坦桑尼亚维多利亚水厂一期工程建设、俄罗斯波罗的海明珠工程建设等多项重点工程。每一次，他都精益求精，保质保量保进度地出色完成了任务。他还参加了上海城市管理职业技术学院的学历自修，并于 2009 年取得工程管理项目大专文凭。2012 年，张雄伟又获得上海电力学院本科文凭。如今，随着能力和学历的提高，他的收入也有了很大的提升。

实现理想，光耀“魔都”

凭借着自己的不懈努力，张雄伟当选上海建筑业首位农民工劳模，获评全国优秀农民工，还成为上海市首批居住证转上海户口的 40 人之一，并成为上安集团首个民选出的工会副主席。接踵而来的荣誉，令张雄伟挺直了腰板。站在上海城市街头，他不再是当年那个忐忑的少年，而是这座城市的主人，是光耀沪上的打工明星。而完成这一身份的转变，张雄伟用了整整 22 年的时间。

采访中，张雄伟将取得辉煌成绩的关键归功于对细节的高要求。2009年8月，他带领班组参与世博会中国馆空调管道焊接工程。一次，在检查地下风机房管道焊接质量时，发现有些焊缝不太符合标准，虽然不影响使用，但张雄伟坚持带头对不合格的焊缝逐一进行整改。炎炎烈日下，汗水浸透了衣服，但看着改造后的完美焊缝，张雄伟感到特别开心。

“细致出精致，精致才极致”，正是这种追求，使张雄伟的技术水平有了很大提高，令张雄伟成为不少大型建筑企业竞相招揽的人才。2004年，张雄伟在上海漕泾化工园区参加赛科工程建设，由于张雄伟在每次技术评比中都稳居第一，一同参建的某台资企业向张雄伟抛来了橄榄枝。面对高薪诱惑，张雄伟不为所动，仍然坚守在上安集团。对此，他解释说，人还是要有一点感恩的心，家里人也支持他的想法，师傅给了他很多帮助，除了教他技术外，还教他怎样做人，国有企业给了他这么多荣誉，这些荣誉是花钱买不到的。张雄伟说，自己喜欢这里的氛围，更重要的是，这里是他实现梦想的舞台。

梦想在这里起航和腾飞

作为沪上外来务工群体中的明星和典范，张雄伟从一个普通农民工成长为高级技师的传奇经历，引起了极大震动。2009年，张雄伟成为上安集团首个民选的工会副主席。

一路走来，张雄伟深知技术的重要性。他自担任工会副主席以来，除了关心公司员工的生活外，更及时向他们“传经送宝”。2010年，他发起成立了工地农民工学校，记录他成长历程的光盘成为学校的教材，而他也辗转于公司各个在建工地，手把手示范，将自己的精湛技术，不厌其烦地倾囊相授。上安集团民工群体中掀起了一股学知识、钻技术的热潮，不少人乘着这股春风，完成了高级工培训，通过了技师考核。

张雄伟不仅技术上精益求精，政治上也不甘居人后。1995 年，他向公司党组织递交了入党申请书，创下农民工要求入党的先例；3 年后，他如愿成为上海建工集团第一位农民工党员；2008 年，张雄伟光荣当选上海市建筑行业唯一的农民工市人大代表。“那是 2007 年 12 月 16 日，我在张家港道康宁项目的工地上，收到上海市人大常委会办公厅发来的短信，祝贺我当选并通知我参加初任代表培训。”回忆起当选的情景，张雄伟仍有些兴奋。兴奋之余，他深知，一个优秀的农民工，并不意味着就是一个合格的人大代表。为提高履职水平，张雄伟积极参加培训，并在实践中不断努力提升自己；他切实履职，格外关注上海数百万外来务工人员的根本利益。

2008 年，张雄伟向上海市人大常委会提交了《关于加强农民工职业技能培训的建议》和《关于进一步放开外来从业人员子女入学本市中(高)等职业技术学校的建议》。为此，张雄伟利用休息时间，在两周内走访了 5 个大型居民社区和几十所职业技术学校。最终，他的建议受到了上海市教委的重视。2011 年，上海市中等职业学校招收外来务工人员随迁子女的数量，从原先的 1 380 人增加到 6 000 多人。

作为上海数百万外来务工人员中的一员，张雄伟提出的建议也大多与外来务工人员的权益相关。随着上海市未来基础设施的进一步发展，对于技能和工匠的需求会越来越大，从事电焊工这一行大有可为。张雄伟用自己的成功事迹告诉那些计划从事这一行的农民工：要做综合素质高、综合能力强的复合型人才，既是白领，也是蓝领和灰领，一方面懂得技能，另一方面也懂得创新，未来对这样的人才需求量会很大。青年人进入企业不一定要想着做领导，做专业技能人才也很好，收入也不会低。张雄伟对进入国有企业的青年人的建议是：要把自己技能的提升放在工作起步的第一阶段，多拿一些能证明自己能力的注册类证书；实现理想的过程不会一帆风顺，肯定会遇到很多挫折，这是不可避免的，如果善于总结，年轻时犯过的错误会让自己变得更加有韧性，学会克服它对自己的消极影响，并在工作中处理好人际关系。

接连几年，张雄伟都会在春运期间来到上海火车站调研，针对买票难等问题，呼吁有关部门改进工作，方便外来务工人员购票返乡；针对高温津贴发放不到位的问题，张雄伟则呼吁尽快立法，让劳动者的权益保障工作有法可依：在上海市人大常委会召开的世博工地安全生产调研座谈会上，张雄伟又为工友们争取到了免费的咸菜汤……与他平时穿着工装、戴着面罩的装束不同，参加人代会时，张雄伟总是西装革履、皮鞋锃亮。对此，张雄伟解释，他代表着几百万外来务工人员的形象，"农民工也能很帅"。

新上海人的家乡情结

每次远赴他国参与项目建设时，家乡的一草一木时常在张雄伟眼前浮现。看着家乡的快速发展，他骄傲地说，他在和家乡一同成长。在张雄伟看来，是上海这片土地教会了他坚持，他才能心无旁骛，一步一个脚印朝着心中的目标前进。在上海，他代表着外来务工人员，更代表着启东人，他希望自己能成为家乡的骄傲。如今，二十多年过去了，张雄伟从一个懵懂的年轻民工，变成了今天建工行业备受瞩目的高级技术人才；启东也凭借靠江、靠海的区位优势，由一个农业县，发展成布局合理、功能齐全的现代化宜居小城。能与家乡一同成长，张雄伟感到很骄傲。2011 年底，崇启大桥建成通车，启东真正步入了上海一小时经济圈。张雄伟为此欢呼雀跃，一方面，他为家乡迎来又一个发展契机而兴奋；另一方面，大桥所带来的同城效应，也让身在上海的他感到格外安心。一直独自在外奋斗，张雄伟从未停止过对家乡的思念，家乡有他的父母亲眷，有他熟悉的空气和水土。因此，无论工作多忙、多累，只要有假期，他一定会回家。

张雄伟告诉记者，每一次获得荣誉时，他最先想到的是与家乡人民分享。"在上海，我代表着外来务工人员，更代表着启东人。我希望能成为这座小城的骄傲。"张雄伟的目光自信而坚定。

采访心得

（一）

今天下午，我们采访了上海市安装工程集团有限公司第一工程公司的劳模张雄伟，他的发展经历让我们有很深的感触，他对我们的教诲也使我受益匪浅。落实国家的创新驱动发展战略，不仅需要高学历的人才，也需要具有更强的动手能力的高技能型人才。如今，大国工匠的传统在慢慢恢复，张雄伟作为一个普通的农民工，他在上海的发展过程，也是很多外地青年人成长过程的一个缩影。他没有什么天赋，凭着自己对于职业的执着和信念，做好手头的每一份工作，成就一段小人物的传奇。

从他的工作经历可以看出，他的成功可以归纳为三个因素：一是机遇的把握，他把握住了历史给他的机遇；二是对于自身能力的提升有执着的追求，虽然他起点不高，但这并不妨碍他个人的成长；三是他对这份职业的信念，没有这份信念，任何工作都不能一以贯之，也无法最终取得成就。张雄伟的成功经验告诉我们，在普通工作岗位上要发扬工匠精神，专心做好每一件事。良好的人际关系可以帮助我们减少成功的阻力，真才实学才是我们的安身立命之本。

（二）

今天我去采访了上海市安装工程集团有限公司第一工程公司的劳模张雄伟，和他的交谈让我受益匪浅，这位出身农民工的高级电焊工，用平实的语言向我们讲述了自己的人生经历和感悟，他回答了我们提出的所有问题，让我们感受到一个劳模的胸怀和气魄，他的劳模称号绝非浪得虚名。

这位劳模的成长过程，给我这样一种感受：一个人不能没有追求，不能没有坚定的信念，无论自己处在多么困难的情况下，都不能轻易放弃自己的信念和追求。在国家和社会事业发展的大舞台上，机会总是为那些有心人准备的。我们要时刻做好准备，随时接受社会和国家的考验，努力在时代的大舞台上展现自己的能力和才华。

虽然我和他专业不同，今后从事的行业也不一样，成长道路不可能完全一致，但是，他的成功经验是可以为我所用的，那就是：首先要提升自己的专业能力，让自己成为一名专业人士；其次是寻找自己的专业能力和社会需求之间的结合点，把握社会提供的机会；最后，还要学会和人打交道，在集体中发挥自己的才干。

（本感想由陆新宇整理，参加采访人员：刘海龙、李冬梅、陆新宇）

匠心筑梦

第二编

砥砺奋进之开拓创新

创新思维　开拓事业新空间：吴文巍的故事

吴文巍，中国电信上海公司南区局营业室主任、上海市物联网行业协会副秘书长。吴文巍使“临柜五分钟”的设想成为现实，使寻常百姓都能轻松地插上“天翼”的翅膀。在营业窗口的工作中，他激扬青春、服务创新、热心为民、科学管理，先后获得上海市劳动模范、上海市五一劳动奖章等称号。他带领着一支卓越的服务团队，为南来北往的人们奉献了一张精美的“城市名片”。

沃　土

当今社会快速发展，当你走出校园的那一刻，你所学的知识可能就已经过时了，那么，我们的大学时光意义何在呢？吴文巍劳模给了我们这样的答案：大学是人终身成长的沃土。作为上海交通大学硕士的他至今未曾忘记校训“爱国荣校，饮水思源”。他说道：“虽然大学时光很短暂，但是学校对一个人的影响是根深蒂固的，会如同基因一样跟随影响着你。大学是一个人步入社会的过渡阶段，看似是一个人学习的终点，却恰巧是一个人终身学习的起点。步入社会后，没有人再催促着你学习，如何规划，如何成长，大多依靠自己，而大学正是给你提供了这样一个初步成长的摇篮，你可以学，可以问，可以失败，在一次次学习中真正地找到自我、培养自我、锻炼自我，这便是一个塑造的过程。这个环境、这个过程能够真正培养你终身学习的能力，你在大学所学的一些专业知识或许会过时，但你所获得的能力和方法却是永久的。”

吴文巍读大学时所学的专业是金融管理，但现在，他是高级通信业务师、中国电信上海公司一级电信服务专家，主导和参与创建多个智慧应用及互联网品牌。这些是大学专业课上所学的吗？不是的！那么这些与他的大学学习毫不相关吗？答案依旧是否定的！他如今的所得也和当时在学校的所学紧密联系，不可分割。正是那时候的塑造方有了现如今的成就。可见大学这方沃土终身可用，然而，如何取之用之，便要看个人的方式方法。

此外，大学聚集着来自五湖四海的人才，更能提供宝贵的社会资源。茫茫人海当中，能够在一个校园、一个学院，甚至在一个年级、一个专业共同学习，互相陪伴几年，是很难得的缘分。同学们毕业后虽志在四方、各奔东西，但他们依然是宝贵的财富，同窗之间的感情也不会淡漠，交流之中总是多了一份亲切。吴文巍劳模说，交大的校友遍布世界各地，每个人身上都有相当宝贵的信息资源，只要认真经营，这些资源就会给我们带来巨大的帮助。

吴文巍说，尽管书本上、课堂上的一些内容会随着时代的进步而成为历史，但在这个学习过程中，你所练就的学习能力会融入你的思想深处，成为你的一种能力，使你能够融会贯通，而这将使你受用终身。

征　途

吴文巍说过这样一句话："学伴终身，学无止境，学习的脚步不能停止。"正如他所说的那样，从专科升本科，到硕士研究生，乃至现在，他从未停止学习。他告诉我们，随着学习的深入，你会爱上学习，当你在其中有所突破的时候，你会有无与伦比的成就感，不枉长期的努力。在知识不断更新的 21 世纪，一个人若想不被时代抛弃，就必须学习。学然后知不足，教然后知困，知不足，然后能自反也；知困，然后能自强也。如此循环，知识便能够不断积累、不断深厚，这个过程是长久的，它可以贯穿你的整个人生。

然而学并不是终点，而是一种基点，需要在不断学习的过程中有所创新。吴文巍已经走在了互联网时代的前端，但他却说："我们这个行业，若你止步不前，甚至不需要一年，只要两三个月，基本就被淘汰了，我们始终需要最好的技术、最新的模式。如果你没有好的核心技术，必将受制于人。"也正是这种不断的创新精神使得"临柜五分钟"成为上海的城市名片。没有创新就没有发展，就缺乏竞争力，也就没有了价值的提升。创新是一个国家、一个企业乃至我们每一个人所要面对的问题，也是发展的唯一途径，没有创新便意味着被淘汰。创新可以是从无到有，也可以是产生新的排列组合，说来简单，行之不易。无论哪个形式的创新都需要认真的态度、专业的素质和务实的作风，需要不断利用生活中的资源创造新的点，创造新的价值，只有这样才能不被社会淘汰。

吴文巍还说："我们要有只争朝夕的紧迫感。一方面，人的生命有限，随着秒针的不停移动，余生只会越来越短。另一方面，信息时代，新技术新应用层出不穷，以前的竞争是以年来计算的，现在则是以秒来计算。要和世界同步，或是引领潮流，必须付出百倍努力。这条路上，我们只有前行，也只能前行，如同逆水行舟，不进则退。"

创新不易，坚持更难，它们相互交织、相互促进，学习为创新打下基础，而创新则引导新的学习方向，如此循环，生生不息。

时　　代

人之于时代如同鱼之于水。没有一个人的发展是能够脱离时代的。劳模是工人阶级的优秀代表，是民族的精英、国家的栋梁、人民的楷模。但每一个时期的劳模都具有不同的内容和特点，从最开始的学好技术当好工人到如今的创新，时代一直在发展，社会需求一直在变化，时代的领跑者自然不同。要想发展，一定不能落在时代的后面。吴文巍向我们举例说：facebook 是一直以来站在神坛上的领军者，却因为一次泄露用户资料的事件而掉下神坛，为什么呢？就因为这个信息化的时代，信息非常重要，人们非常看重隐私的保护，所以这样的过失难以原谅。

如今，吴文巍的团队虽然走在了行业的前端，却没有一丝骄傲与懈怠，而是时刻关注时政、民心，做好产品研发、做好服务，因为只有这样时刻砥砺前行才能保持优势。对于大学生来说，这种精神非常值得学习。随着社会主义市场经济的发展，社会对大学生综合素质的要求愈来愈高，社会职业发展趋势、市场经济发展趋势、知识经济创新趋势、经济全球化趋势和人才市场竞争趋势要求大学生具备良好的综合素质，在“健康、智力、心理、道德、角色”五个层面上，重视这些素质的培养与提高。

大学生的就业受到很多因素的影响，人们首先注意到的当然是就读的学校、所学的专业，以及大学生本人的学习成绩、经历和综合素质。随着我国改革开放的日益深化，社会职业出现了动荡、分化、重组等变迁，新的职业种类层出不穷，传统职业消亡或转型，并且，这种发展变迁的态势还将继续下去。如今，信息产业异军突起，“互联网＋”扩张到各个领域，这些都将为社会提供更多新的就业岗位，与此同时，传统行业中也有许多不断被淘汰的部分。一旦没有自我的革新，就必然被新的时代淘汰，优胜劣汰纵然残忍，可大自然的法则便是如此。当代大学生在就业时面临着前所未有的情况：

一是专业完全对口的岗位越来越少；二是职业变动的可能性越来越大；三是行业特征不像过去那么鲜明；四是岗位所需的知识和技能更新周期越来越短，复合程度不断提高。这些特征，将使用人单位对大学生的综合素质的要求空前提高。

那要如何跟上时代而不被淘汰呢？吴文巍提出，还是要坚持学习与创新，同时还要关心时政。对于大学生来说，思政课尤为重要，能够帮助学生了解和把握时代的变化、社会的需求、国家的发展和党的政策。这几个方面对了，大方向必然错不了。所以大学生不仅要学好专业课，也必须重视思政课程。

责　　任

“我本就是一名共产党员，需要在这个社会中起到引领作用，这是一种使命，所以当面临问题时我就必须向前，去解决。”从吴文巍的这句话中，我们看到的是一种理所应当的认真。这是一位时刻将责任铭记于心的人，而正是这样的人，才能真正地获得他人的信任；也正是这种人，才能砥砺自己不断前行。古有大禹治水三过家门而不入，诸葛亮鞠躬尽瘁死而后已，林则徐苟利国家生死以；如今的劳模们也正在担当着这样的角色。责任，就其词义来讲，就是分内应做的事。说某人有责任感，就是说他能自觉地做好分内应做的事。责任意识是指人在头脑中始终有自觉做好分内应做的事的想法或意愿，它是做好各项工作的前提条件。一个有责任心的人，一定会努力、认真工作，听从安排，不会中途放弃，能主动处理好分内与分外相关工作，有人监督与无人监督都能主动承担责任而不推卸责任。如果一个人没有责任心，即使有再大的能耐，也做不出好的成绩来。在吴文巍的工作生涯中，有一次，由于城市规划建设的需要，区域网络要进行系统扩容，需要号码割接。这涉及 1 000 多户居民。由于以前这里曾经割接过，所以用户有很多怨言。此次居民选出十多人作为代表，找电信理论。居民代表们游行示威般地来到营业厅，横眉怒目、挥舞拳头、情绪激奋，强硬地提出条件：停止此次割接工程；对于以往割接，电信局要给出书面解释并立即赔偿；如果不能满足上述条件，将到市政府集体上访。面对突如其来的事件，吴文巍告诫自己："要冷静！"吴文巍本可以把事件上交给上级部门处理，但转念一想："作为电信的窗口，有责任把矛盾化解在萌芽状态，有责任防止事态进一步扩大，用户也有用户的难处。"这便是有责任的担当，没有解释，没有推脱，而是直面问题。这便是一个有担当的人，一个有责任心的人，一个能委以重任的人。敢于担当是一种勇气，一种气概。

"让用户的满意产生在第一次接触中"是吴文巍推出"劳模工作席"的初衷。吴文巍从产量指标、销售业绩、服务质量、受理准确率等多方面实行考评淘汰机制，从而保证了"劳模工作席"整体服务的先进示范作用。

"劳模工作席"推行以来，服务员不断自我加压，不断努力创新，不断加强监督，不断提升服务标准，凸显了"以标杆窗口的形象带动营业厅整体服务水准提升"的管理理念。

营业厅的服务员大多是20岁左右的年轻人，他们充满朝气，思维活跃，但也有不少缺点。在管理上，吴文巍善于取长补短，根据他们的特点调动他们的积极性。有位服务员是家中独子，性格内向，遇事只为自己打算，并且喜欢占别人小便宜。所以，周围同事都不爱理他，他自己感到很孤独。但是，他的电脑技术相当好。工作中，他发现一项业务流程复杂烦琐。当他把自己的想法告诉吴文巍后，吴文巍给予积极的肯定，并热情地支持他作为优化项目的负责人："你很聪明，接受能力、观察能力强。你的想法非常好，对提高客户感知度有益。研发工作中，要和同伴们紧密团结，互帮互助，发扬团队精神，依靠集体的智慧，这样才能成功。"得到吴文巍的鼓励，这名员工热情高涨。他加班加点，忘我投入，和同事打成一片，就像换了个人似的。在他的带领下，项目组以最快的速度完成了优化任务，为系统的完善做出了贡献，还获得了企业的好评。

吴文巍还积极采用符合年轻员工心理特点的生动活泼的竞争形式调动大家的工作热情。如营业厅推出的"操作英雄榜""三大CRM操作高手"等活动，让业务能手成为大家心目中的"武林英雄""江湖高手"。通过生动活泼的竞赛形式，员工们的工作热情得到了极大的释放，形成人人争当业务高手的氛围。

在吴文巍的带领下，员工主动服务意识明显提升。班组之间、班组长之间、班组长与下属员工之间的沟通更加主动，提高了团队凝聚力。服务员补位意识明显加强，大家团结协作、扬长避短，树立起了优良的团队精神面貌。现在，“人人争当服务明星，树立中国电信服务窗口的榜样”在漕溪北路营业厅已蔚然成风。

在激烈的市场竞争和企业转型的新形势下，服务是企业生存与发展的核心要素，而服务质量是关键中的关键。面对美好的明天，吴文巍最大的心愿是：“让我们真心的微笑传递到每一位用户的心里，让‘上海名片’更加精美、迷人。”

吴文巍是技术型人才，懂得很多技术方面的知识，对他来说，最大的挑战是怎样和时代保持同步。现代信息技术层出不穷，一夜之间，一个行业或一个企业都有可能发生巨大的变化。如何及时跟上时代发展的步伐，始终站在时代潮头并引领它，这对每个人来说都是一个巨大的挑战，同时又是一个非常好的机会。

2010 年上海世博会，吴文巍全程参与了世博会的通信服务保障工作。工作中面临诸多挑战：时间跨度长，用户来自世界各地，通信安全级别高，客流量大，密度高，信息化应用多样化，等等。记不清多少次方案论证研讨、现场演练，记不清多少次快速响应、分秒必争。无论多苦多累，团队成员始终只有一个信念：“圆满完成任务，为国争光。”通过精心组织和集体努力，他们终于不辱使命，为 192 个国家和 50 个国际组织提供了世界一流的通信服务。他们也通过这个项目坚定了理想信念，磨炼了意志，打开了全球视野，具备了全球最佳信息服务能力。

采访心得

2018 年 7 月 12 日下午，我们小组代表上海城建职业学院采访了吴文巍劳模。他是中国电信上海公司的一级电信服务专家，是上海交通大学工商管理硕士、高级经济师、高级通信业务师，获得了多种荣誉和多种奖项。

吴文巍劳模是一个不可多得的技术型人才。在飞速发展的上海，用户对电信业务的服务要求越来越高。精通计算机的吴文巍想到了单位的局域网系统："局域网储存量大，数据更新方便，并且全员共享，符合营业员需求，如果利用电子平台进行业务受理，将大大提升效率。"说干就干的吴文巍迅速组建了研发团队，收集信息，整理数据，设计系统，架构程序，研发工作快速展开。一个月后，吴文巍带领团队在局域网里开出了服务频道——"电信业务查询支撑体系"。之后，吴文巍又将公司的"10 000 知识库"系统融合进来，使营业员能快速及时地掌握最新业务信息。初步尝到服务创新甜头的吴文巍并没有就此停歇，而是不断进取。他说："服务工作是由一系列的环节组合而成的，光解决其中一个还远远达不到要求，要创造完美服务，就必须从整体上进行改善。"他将每位员工的闪光点集中起来，加以梳理，思考用户需要什么样的服务，夜以继日、废寝忘食。

吴文巍还是一个对生活充满热情的人，他积极向上，用科学管理的方法激发了员工的活力，点燃了员工的激情，体现出飞速发展的上海的时代朝气。

吴文巍说："人和人的差距其实不是很大，但在选择团队成员的时候非常看重这个人有没有坚定的理想信念。无论从事什么行业，终极目标都是为人民服务，只要带着服务理念去做产品、做管理、做设计，就一定能够成功，日后能走得更远。"

每个人的成长过程中都会遇到学习的艰辛、创新的风险、失败的打击等，加之现在物质丰富，会有很多因素来考验我们。一个人能否坚持初心，能否一以贯之，很大程度上取决于内心能否持续产生强大的驱动力。这个驱动力就是理想信念带来的使命感。回顾吴文巍的从业生涯，从通信服务满足市民基本要求，再到信息化项目满足企业要求，再到"互联网+"助力产业转型升级，再到现在建设全球科创中心，这个过程中，每一步的驱动力量就是他将个人成长、职业生涯和国家民族的发展紧紧联系在一起。

要跟上这个时代，你就必须去了解这个时代发生了什么，必须要有深刻的洞察力和快速学习的行动力，在学习之后要融会贯通，把所学的知识变成自己的东西，穿透知识的迷雾，形成自己的一套方法，学以致用，客观看待世界，积极解决问题，认真对待自己的职业生涯。

（本感想由刘雅洁整理，参与采访人员：刘雅洁、荣江南、袁智健、王嘉敏）

创新技术　谱写服务新篇章：
姚启明的故事

姚启明，女，1978年1月出生，中共党员，工学硕士，同济大学交通安全专业博士，同济大学建筑设计研究院姚启明赛车场设计与安全研究工作室创始人、上海市姚启明赛车场设计与安全研究创新工作室领衔人、上海詹妮建筑设计咨询有限公司董事长、中国汽车运动联合会场地委员会专家委员、中国设计业十大杰出青年、上海市青年创意人才、上海市市政公路行业领军人才、上海市黄浦区青年委员会委员、上海市黄浦区少数民族联合会委员、全国建设系统先进工作者。

姚启明26岁成为第一个设计国际赛车场的中国设计师，是国际汽车联合会认可的几位赛道设计师中唯一的中国人和唯一的女性，是中国汽车运动联合会场地委员会唯一外聘的专家委员，同时担当上海国际汽车街道赛总设计师、北京国际汽车街道赛总设计师兼顾问、广东国际赛车场总设计师兼顾问、成都国际赛车场顾问、鄂尔多斯国际赛车场总设计师等职务。通过自主创新和科技攻关，姚启明研发出自己的赛车运动轨迹模拟系统、赛道安全模拟系统和速度计算模型，填补了国内空白，她还为韩国、俄罗斯等国家提供技术咨询服务，服务领域从项目可行性研究、规划到工程设计、施工指导，技术领域涵盖赛道、建筑、给排水、设备等专业。

姚启明打破了传统赛道设计理念，构筑了汽车运动与中国文化的完美融合，演绎了自己的赛道设计哲学：挑战速度、体验激情、实现理想。同时，她还积极投身赛道与交通安全等领域的公益事业，将科技成果向赛车研发和交通安全转化，建设安全驾驶教育体验平台，进行各种道路环境下车辆状况突发事件的安全驾驶模拟，降低主动事故的发生，减少被动事故的伤亡，为实现人、车、路、环境和谐共存的生态系统而努力。

姚启明曾说："赛道就是一条路，但它是一条不同寻常的路，赛道不是一个logo，也不能简单抄袭。"目前全世界有两套模拟系统，一套是国际汽联研发的，一套是她自己研发的。作为中国第一位也是唯一一位国际赛道设计师，这么多年来，很多人问她为什么会选择这个职业，她是这样回答的——

2004年，F1刚刚登陆中国的时候，她正准备去美国读博士，接触到F1后非常好奇，当时中国仅有的四大赛道都是由外国设计师设计的，当时她就在想：我去美国读博士是为什么呢？难道不就是为了学成归来之后为祖国的建设贡献一分力量吗？既然是出于这样的一种理念，那我为什么不能在中国设计一条赛道呢？于是她萌发了一个大胆的想法：中国的赛道要让中国人自己来设计。2005年，终于有了这么一个机会，当时中国长春要建赛车场，中汽联决定让她尝试一下，但是当时没有任何规范和标准，于是她就写了一封邮件，寄给国际上最著名的赛道设计公司，三天后她收到了这样的一条回复："非常遗憾，赛道设计选用什么样的规范也是我们知识产权的一部分，我们无法告诉你，但是只要你付钱，我们可以给你设计。"设计费用非常昂贵，当时的主办方感到无力承担。但姚启明是一个天生不懂得畏惧的人，赛道设计公司的拒绝反倒坚定了她的信心，她发誓一定要用实际行动向世界证明：外国人能做到的，中国人也同样能做到，而且可以做得更好！

多说话不如多做事，大声反驳不如默默地用实力来诠释一切。三个月后，她的赛道方案成功通过国际汽车联合会的安全模拟测试，在巴黎的国际会议上获得各国与会专家的一致肯定，他们对中国人在这一领域取得的突破表示震惊，特地派国际汽联 F1 主管来上海考察她的研究成果。事实证明，该成果填补了国内赛车场设计领域的空白，被中国汽车运动联合会誉为“中国汽车运动发展史上的又一个里程碑”。至此，中国也正式具备设计国际赛车场的资格。

真正优秀的人，不会沉浸在既有的成果中，姚启明始终强调一句话：“每次设计成功的时候，面对各种荣誉和头衔，都只会让我开心那么一瞬，最多也不会超过一天，因为骄傲使人后退，谦虚使人进步，只有对社会做出贡献才能证明自己的价值，我希望每个中国人都有社会责任心，一个人并不是为自己而活，而是为团队，为国家，为其他人而活。”她是这样告诉我们的，也是这样身体力行用实践去证明的。

在国内外 100 余个赛车场、试车场、驾驶体验中心、汽车文化公园及卡丁车场中，她担任总设计师和顾问，解决各种技术难题，为国家节约了大量的建筑材料、土地资源和数亿元的设计费。作为一位设计师，这是她肩负的使命，也是她为国家和社会创造的价值。作为一名赛车场设计师，她也在关注赛车及行车安全。她自筹经费独立研发的赛道安全模拟系统，获得国际汽车联合会认可，填补了国内空白，为赛道设计提供了可靠的科学依据和重要保障。在采访中，她说：“我将每一个赛车场视为自己的孩子，为其倾注所有，无怨无悔。”

当我们问她，取得如此成绩会不会影响自己的日常生活时，她笑着说道：“工作是一方面，对待生活就是另外一方面。”在生活中，她很喜欢看书，因为在书中能学到很多的知识，她说：“青年人在学校就要好好学习，只有自己掌握的知识够硬，技术够好，够强，才能更好地实现自己的社会价值，履行自己的社会责任，为国家争光。”

姚启明说，她目前所做的只是一个开始，要在赛道设计这样一个跨界的领域中有所作为，还需要了解汽车工业，了解竞技体育，需要尊重生命，需要爱护自然，也需要具备最起码的商业知识。

这是一条需要创新的路，只有不断创新技术，才能解决赛车场上遇到的每一个问题，才能快速地走到国际的前沿，引领这个行业，改变这个行业。

这条路充满了艰辛，因为任何微小的错误都可能导致车手殒命，需要在理论和现实中寻找一个平衡点，而且赛车每一年都在变，这个平衡点也一直在变。

这条路还充满了诱惑，为了让我们的赛道更有生命力，更有价值，她需要研究大量的商业模式和商业行为，她说："我研究商业，但我拒绝成为一个商人。"

采访心得

（一）

姚启明劳模是在我国改革开放后经济快速发展的大时代之中成长、成功的。在这样的时代背景下，她的成功可以看作是我们国家改革开放、经济飞跃的缩影，集聚了天时、地利、人和。毕竟，只有在一个经济相对发达的时代，赛车场设计这样一个有着较大影响力但短期内并没有收益的行业才能得到发展的机会。

但是，天时不如地利，地利不如人和，姚启明劳模的成功和她个人的努力是分不开的。在赛车行业，她不断地向着更高点去冲击，这绝不是简简单单的天时地利能够赋予她的。

在采访过程中，我问了这样一个问题："在您所从事的设计施工行业，您是否会觉得您的女性身份会让您在先天上处于弱势地位呢？"姚启明老师用平实的语气回答我说："我从来没有感觉到我作为女性有什么弱势。"这体现了她对自身能力的绝对自信。除了她自身的能力外，团队的团结奋斗，相关专家和从业者以及投资方给予的信任，也是她成就辉煌事业不可或缺的因素。

后来在聊到有关大学生创新创业的问题时，姚启明劳模说，创新创业要"因材施教"，根据每个学生不同的个体发展情况和个人志向去选择。许多大学生创业者满怀一腔热血，带着家中多年的积蓄，投身到创业的潮流之中，梦想着能够一举成就自己的事业，这很容易理解，但现实往往是残酷的，许多学生没有认清自己的实力与资源，甚至完全不了解自己创业的领域，最终的结果往往不尽如人意。

从姚启明劳模的身上，我们其实可以看到一条属于她的创新创业之路，我想这对于大部分有创业意愿的学生而言都是有借鉴意义的——夯实自身的专业知识和技能，在工作一线实际体验和了解这个行业的方方面面，选择最适合自己的一条创业路，并倾尽全力前进。

这次访谈不仅让我接触到了中国当下汽车赛道设计的第一人，也让我对接下来的学习生活和往后的工作有了更清晰的认识。

（二）

劳模是什么？学劳模，学什么？随着时代的发展，劳模被赋予越来越多的时代内涵和元素，但无论是生产者还是创业者，无论是比表现还是比贡献，无论是讲精神作用还是讲经济效益，劳模的核心价值都是始终不变的：爱岗敬业、勇于创新、甘于奉献，以及对职业、对社会、对国家的道德感、责任感和使命感。我们学习劳模不是光喊口号，不是做表面文章，而是学习劳模所表现出来的所有品质和精神状态。这是一种无华的忠诚、一种朴实的敬业、一种永不松懈的进取，更是一股指导我们实践的强大力量。

时代的变迁和社会的发展证明，劳动是人类文明进步的源泉，劳模是时代的标杆和旗帜，劳模精神是社会发展的宝贵财富。而今，在社会加快发展的关键时期，我们比任何时候都需要依靠广大人民群众的力量，比任何时候都需要发挥劳动模范的示范导向作用，比任何时候都需要弘扬具有时代特征的劳模精神。

今天，我采访了劳模姚启明。她 26 岁就成为第一个设计国际赛车场的中国设计师，是国际汽车联合会认可的几位赛道设计师中唯一的中国女性。

在她眼里，每一个赛车场都是一个作品，都有一个灵魂，都有很多创新，她将其比喻为自己的孩子，为其倾注所有，她的最新作品鄂尔多斯国际赛车场有五个“第一”的美誉。她也曾被共青团中央刊物《中华儿女》等多家媒体争相报道。

她是千千万万可敬可爱的劳动者中的一员，平凡中蕴含着伟大。虽然访谈已经结束，但我忘不了她那谦虚亲切的微笑，忘不了她身上那锲而不舍的品质，忘不了她对生活乐观的态度，忘不了她离开时那自信的背影……

虽然不是人人都会成为劳模，但劳模的精神需要我们每一个人去学习。当你迷茫于职业的前景，当你有了壮志未酬的感觉，少些牢骚和抱怨吧，多在自己身上找找原因，然后努力地改正，积极地践行，你将发现不一样的风景。业精于勤荒于嬉，任何一个行业和领域，从“盲”到“通”仅在努力之间，只要肯努力，肯坚持，就一定可以成功。

（三）

接受我们的采访时，姚启明劳模穿着一件很朴素的黑色连衣裙，头发有些蓬松，她说是因为早上有一个会议没来得及洗头，会议一直开到了下午，刚一结束就赶过来接受我们的采访，这让我们甚是感动。按理说，她是一位成功人士，面对我们这些未出校门的学生，言语之间应该充满着傲气。但是经过半个多小时的交流，我发现，她并没有将普通人拒之千里，她很健谈，尽管她一上午没有喝水，喉咙干得厉害，但是仍然忍着不舒服，对我们提出的各种问题做详尽的回答。

姚启明劳模告诉我们，这个时代很好，我们应该珍惜。采访中，我们问她，支撑她从事这一行业的动力是什么，她说刚开始是因为个人爱好，到后来经历了种种挫折磨难并获得了一些荣耀以后，是对民族和国家的责任感让她坚持下来。我想，可能这就是她与一般人的差别吧。一般人经历挫折和磨难的时候想到的更多是自己，如果坚持不下来就会放弃，而姚启明劳模不是这样。她身上的这种精神很值得我们学习。她还告诉我们，人活着要有高远的价值追求，有的人为了追求物质方面的满足而努力，有的人却是为了荣誉而努力。追求物质终归不会太长远。她和我们分享了她第一次设计永久型赛道的事。当时她想在中国设计一条赛道，由于当时国际知名的赛道设计公司收费极高，这让她萌发了自己设计赛道的想法，最终获得了成功。姚启明老师的这个分享让我明白了什么是民族责任感。姚启明老师告诉我们，要知道人是为了什么活着，成功的人更多是为了创造更大的社会价值而活着，而不是为了短时间的物质满足。姚启明说，她能坚持下来还有一方面是因为社会责任，为了团队，为了社会，她也必须创新，必须前进，因为她身后还有很多人，她不能倒下。人越是成功，所肩负的责任也就越大。她告诫我们，年轻人要仰望星空追梦，脚踏实地创新。年轻人是要为这个社会解决问题的，而不是带来更多的社会问题。年轻人要关心政治，关心国家，做国家所需要的人，当然，也要学会承受挫折，深度思考，学会感恩。

（本感想由刘雅洁整理，参与采访人员：刘雅洁、荣江南、袁智健、王嘉敏）

创新模式　赢得发展新局面：马丽萍的故事

马丽萍，日通国际物流（上海）有限公司行政部高级经理，被公认为企业最忙碌的人。早在2004年，年仅25岁的马丽萍就已经是“猎头网”上的职场精英了，入职日通国际物流公司时，老板更是提出各种条件全力配合她，只要她肯答应来工作。果然，一年之后，这位业务娴熟、办事利索的“小姑娘”就晋升为高级经理，成了多任外籍老板的得力助手、员工的贴心人，并获评上海市劳模。

马丽萍的日常工作已经处于饱和状态，但她又主动请缨并被职工代表大会民主选举为工会主席。对马丽萍来说，担任工会主席既要为职工做更多的付出，又没有增加一点儿报酬。8年过去了，日通公司的外籍总经理换了好几任，但每一任都在与工会的合作中感受到了工会在促进企业发展中的积极作用。马丽萍说："社会把做慈善称作光彩事业。其实，在企业里也有一份光彩的工作，那就是工会工作。"2013年末，上海自贸试验区管委会评出3家"首批劳动关系和谐示范企业"，日通公司名列其中。

一天深夜，马丽萍正在照顾出生6个月的双胞胎，突然接到一个陌生电话。电话是医院打来的，一名22岁的女职工在下班回家的路上出了车祸，必须要做左脚截肢手术，需要缴纳手术费押金。女职工家在外地，情急之下，想到了马丽萍这个工会主席。马丽萍接到电话，立刻放下嗷嗷待哺的婴儿，带上银行卡，直奔医院。她晚上一直陪护在医院里，直至手术做完。匆匆赶来的女职工父母目睹此景禁不住给马丽萍跪了下来。女职工出院后，马丽萍又帮助她办理了工伤认定，及时与人力资源部门协调，把她调配到合适的岗位，帮助女职工渡过了难关。

在一次技能比武的现场，看到精彩纷呈的赛况，前来观摩的上海自贸区工会主任王剑明握住外籍总经理的手表示感谢，而外籍总经理连声说道："要说谢谢，首先应该感谢工会。是工会组织的劳动竞赛提升了职工的素质，才有今天企业加速发展的骄人业绩。"

为了秉承集团"成为社会发展的原动力"的企业精神，外籍总经理时常向全体员工宣讲"公司是大家的，大家好，公司才会好"的理念。马丽萍认为，要实现这些理念，必须做好工资集体协商工作，使职工获得合理的劳动报酬，实现体面劳动的愿望。2013年8月，马丽萍听到一些职工关于"菜价涨了，钱不够用了"的议论后，和工会委员们协商，设置了物价指数观察员，并马上组织工会专题讨论，商议应对之策，向行政方提出了将工资增长与CPI(居民消费价格指数)挂钩，增资比例向一线职工倾斜的方案。"职工的职业发展她帮助规划，职工的忧愁冷暖她挂在心上，职工的恋爱婚姻她帮着实现。"大家如此评价马丽萍。

马丽萍是个不知疲倦的人，经常活跃在现场，活跃在第一线。2008年，马丽萍用 3 个月的业余时间，深入了解公司的运行情况和财务情况。为做好企业的事，常常晚上八九点才回家，有时节假日还要加班，工会委员们经常在半夜收到她发来的安排工会工作的邮件。马丽萍还组织工会委员和积极分子收集企业经营、成本利润，职工工资、福利等数据。与工会委员商量工会工作后，向公司提出了工资集体协商要约及协商方案，按照自贸试验区打造"服务型"工会的要求，马丽萍带领工会委员和积极分子，设立了 1 月和 7 月两次调薪"窗口"，努力为员工们创建温馨的"职工之家"。在马丽萍的积极推动下，公司设立了工会帮困资金，为生活困难、大病职工送上帮困金；建立了职工活动室、图书室等，组织员工家属开展亲子活动，开展体育竞赛，以"技"会"友"，让员工增进了解；策划了"镜头里的你"摄影活动；开展了"日读一报，月读一书，充实你我他"活动，丰富了职工们的业余生活。

由于忙于工作，马丽萍常常无暇照顾可爱的双胞胎儿子，孩子多由奶奶和外婆带养。对此，她无怨无悔，用她的话说，作为一名工会主席，最大的心愿就是要让每一位职工都能沐浴到"职工之家"的温馨。马丽萍的现任顶头上司在许多同事眼里是一个有些脾气、认真而不苟言笑的老板，"平时发起火来没人搞得定他"，但马丽萍除外。有段时间，马丽萍因病休假。但是，名义上是休假，实际上她几乎每天都要回公司两次，不是办公室有重要的事急着等她决定，就是有人把老板惹恼了，要她去平息。在马丽萍眼里，这位老板虽然脾气急得像个孩子，但只要有足够的能力说服他，证明自己的观点是对的，老板并不是个不讲理的人。"很多时候老板也没错，我们职工也没错，出现偏差是由于双方在处理问题时观念有差异。"熟谙日本文化的马丽萍在中间起到了很好的沟通、协调作用。不仅仅是这一任老板，公司前几任老板说到马丽萍时没有一个不是啧啧称赞的。

除了被老板视为得力助手，在同事心里，马丽萍也是人人都服气的"马大姐"。一年春节前夕，公司许多外来务工人员已打点好行装准备返乡，却突然接到一批紧急业务。正当犯愁时，公司管理层惊喜地接到职工主动留下加班的消息，其中包括几名原本准备回家相亲的年轻职工。而这一切都得益于拥有"民心"的马丽萍。那天，看到大家主动留下，从早晨一直忙碌到深夜，外籍老板也被感动了，连忙问一同加班的马丽萍："过年有什么习俗？"

机敏的马丽萍接口："发红包啊！"结果，公司不仅为加班员工准备了丰盛的年夜饭，发了红包，还会同工会购买了机票，把职工的相亲对象接到上海，组织了一次别开生面的集体相亲活动。

在公司里，马丽萍的另一个身份是工会主席。每次职工受伤生病，最先赶到现场的是她；考虑到物价、房租上涨，一年帮助职工三次涨薪的是她；哪位同事有什么活不会干或干不好，最先求助的也是她……在业务紧急，需要临时加班加点时，马丽萍不再是行政经理，也不再是工会主席，有时甚至忘记自己是一名女性，而是跟男职工们奋战在一线。冲着这一点，只要马丽萍在现场，职工们都会心甘情愿地留下。

老板满意、职工服气，马丽萍的成功其实来得并不容易。和大多数大学毕业生一样，马丽萍走出校门之后就迈入职场，进入了一家日资企业工作，没有日本留学经历，也没有过硬的背景，她靠一点一滴的努力和学习走到了今天。虽然大学专业是行政管理，但因为工作需要，马丽萍又辅修了法律。不会说日文，她交了许多日本朋友，一有空闲就找这些朋友聊天；不会用日文写通知，师傅让她打印时她就偷偷地一个字一个字地背下来；被分配到生产线上工作，她又利用休息时间学起了 ISO（国际标准化组织）质量体系认证。之后，马丽萍又学习了心理咨询、工会管理等知识，还研究过日本有关法律……可以说，马丽萍每一次职位的晋升，都是她发奋努力的结果。

"我现在工作得心应手全赖于当初什么都干过，什么都知道一点，对企业上司也是这样，我专门研究了日本文化和传统民俗，所以更能够用对方思维去换位思考，而这也是我作为一名行政经理，游走于公司业务和公司管理之间必须具备的素养。"马丽萍这么评价自己。她在两个月内组建起了隶属世界 500 强的日通集团在海外独资公司的首家工会；一年内，通过集体协商说服企业三次为一线职工涨薪；公司前后换了四任老板，每位老板都对工会做出很高评价；职工更把她当作贴心"娘家人"。在别人眼里，她所做的这些工作似乎一点不费力。然而，在真正走进她、了解她之后，才能感受到她付出的巨大努力。做好工会工作，也要敢为人先。马丽萍凭借自己敢闯敢试的拓荒精神和坚忍执着的实干精神，已然成为新生代工会工作者的标杆。

圈内的人都知道，要在日资企业中组建工会不是那么容易的事。而这条在别人看来十分艰难的组建之路，马丽萍只用了不到两个月的时间。谈起当初建会的过程，她淡淡地一笑说："其实不是别人表面看起来的两个月时间，前期准备的时间加起来有大半年了。"由于看过一些"空转"的工会，马丽萍心里一直在琢磨："如果我做，肯定不能做成这样。"为了将这个"理想型"工会落到实处，马丽萍向自贸区工会前身综保区工会请教，通过各种渠道学习，用各种方式与老板沟通，拟出工会组建方案。为方便日本老板阅读，一百多页的方案全部用日文书写；考虑到日本企业重视法律，她引用了《国际劳工公约》《中华人民共和国工会法》等法律依据；为企业发展着想，她列出了组建工会对企业发展的种种好处；平时老板看重数字报表，她又在提案中附上了多个图表加以说明……马丽萍说，为说服日本老板，她还认真地研究了日本的工会，接触了很多外资企业已建立的工会，用对比利弊的方式给老板做了讲解，还专门做了目录和提纲。就这样，经过多次和老板软磨硬泡，终于促成了工会的组建。而这位做事干练、能力超群的年轻"女汉子"也以全票当选为工会主席。

走进日通公司，每一位职工都会微笑着向你点头问好。吃饭、休息时间，只要有马丽萍在，周围总围着一群职工。事实上，这样的场面并非一开始就有。工会不是建起来就能运转起来的，为让公司工会充分发挥作用，马丽萍没少下功夫。设意见箱、开座谈会，她尝试着用多种方式了解职工的所思所想。然而，过了几个月，她发现意见箱里没有职工的意见，座谈会上听不到职工的心声。于是，马丽萍决定走到车间、走进职工中。"其实我们的职工都很可爱，很多时候他们也会为公司着想，只有在和他们闲聊的过程中，才能在不经意中了解他们的需要，体会他们的困难。"

2013 年，国内经济迅速发展，物价也在上涨，加上自贸区概念带动了周边房价的提升，在和职工的闲谈中，马丽萍感觉到很多职工有了租房压力。于是在当年 1 月公司给予职工正常涨薪后不久，她又在春节过后向行政提出再次为一线职工涨薪，所参照的依据是市场上日常开销的增长。当年 4 月，养老金缴纳基数变更，她又一次提出了涨工资的要求。

在一年时间里，马丽萍为职工争取了三次工资增长。之所以每一次老板都能松口同意，都是因为马丽萍的努力。马丽萍说："我一直关注全国和上海的CPI，平时也会留心市场上日用品的价格波动，走过房产中介时也会看看周边的租金，所以对员工一个月的生活成本心里有本账，我也是个要精打细算过日子的女人呀；另外，因为我担任行政管理的职务，对公司的经营情况也多少有些了解，知道在哪个范围内是老板能接受的。"她还积极创造条件让职工学习外语，参加技能培训，开展岗位练兵，用她的热心、细心和贴心，为职工办了一件件好事、实事。

"我们需要更多像马丽萍一样的工会工作者，他们诠释着青年一代的追求，也代表着广大职工的心声。"自贸区管委会党组副书记、工会主任王辛翎如是说。

采访心得

（一）

我们在辗转几路车之后到达了日通国际物流有限公司，见到了劳模马丽萍。这次行程是整个"走进劳模"暑期实践活动中最为复杂漫长的，可其中的收获却不亚于任何一次访谈。

这已经不是我第一次接触马丽萍劳模了，早在几个月前的学院实践活动中，我们就来到了日通国际物流公司，认识了这位劳动模范，活动中收获良多；也第一次知道，对大众来说，"劳模"并不是遥不可及的，劳模源于大众，服务于大众；直至今天的访谈，意外得知这位劳模竟然有个亲切的外号：马大姐。

马丽萍说自己平时是一个做事风风火火的人，但我们却能在她身上看到一个与之矛盾的存在——善于把握细节。这样的结合让我们深感疑惑，马丽萍回答说，能够把握细节是"因为有前期的积累和积淀"。得到回答的一瞬间我是疑惑的：再多的积累和把握住细节又有什么关系？而听了她后面的讲述，我才恍然大悟：没有人能随随便便成功，只有善于汲取经验教训，才能在往后的征程中走得更好、走得更远。访谈中我们问她：大学生是应该先自主创新创业，还是应该从现在的工作岗位做起，为以后更好地融入社会奠定基础？她给出两个字："均可。"正当我们以为将要听到两者的优劣时，她却给我们抛出了自己的理念：每个人都是不一样的，个体是不一样的，成长环境也是不一样的，心态也是不一样的，有人适合先就业积累一定的社会经验，然后再去创业，因为在就业的过程中，人是会有灵感的，会有许多的感悟和对社会的感知，然后再结合自身情况，决定要不要创业，或者如何创业；而有的人在大学时代就已经积累了一定的社会经验，或者是家庭环境跟经商有关联，从小就有了一定的创业意识，早就有了自己的想法，毕业后就能创业。先创业或者先工作不是随波逐流，而是大学生根据自己所处的环境而定，而创新也并非只能在创业的基础上确立，创新总是能出现在各处，只不过需要有一双善于发现的眼睛，还要配合切实的行动。

如今的马丽萍身上有无数的光环，但她并没有止步不前，她说，如今她所处的地位都是源于在前进路上的学习积累，学习不能止步，否则你可能连实现自身能力的机会都没有；学习不是一种结果，是在你成功的路上的一种思想方法，如果你不学，你就什么都不了解，都不清楚。我们了解到，马丽萍并非日语专业毕业，但却进了这家日资企业，三个月之后学会了日语，这样的速度令人惊叹。马丽萍说，在日资企业里，别人都会说日语而你不会，确实是一件很丢人的事情，你不可能让一个外国人用中文跟你交流，就只能自己主动地了解他们的理念，和老板的交流沟通也是一个不断发现问题并学习的过程。

为了更好地做好工会工作，马丽萍还学习了心理咨询、工会管理等知识，还研究过日本有关法律，可以说，每一次职位的晋升，都是她发奋努力的结果，也源于她数年如一日的坚持。马丽萍说，自己每天都会早起看报，作计划，阅读推送；睡前反省工作，总结经验教训。这些事情表面来看都是小事，可坚持下来却是真正拉开差距的缘由。

（二）

在采访劳模马丽萍之前，在材料的阅读过程中，一个女强人的形象就已经浮现在了我的眼前，我想，她应该是风风火火、雷厉风行的。我见到她的第一印象也的确印证了我的想法，不过在后来的访谈中，我发现这些虽没错，但并不是全部。在风风火火、雷厉风行的同时，她还是一个端庄、大气、注意工作效率、有着敏锐逻辑思维和优秀语言表达能力的女性。采访过程中，她提到她当初前往日本，学习日本优秀的生产技术和管理经验，虽然在日本遇到了许多困难和烦恼，甚至刚去时无法独立打电话给家里报个平安，但她还是坚持了下来，不断地学习，最后在国内建立起了一套同当时的日本一样先进的管理体制和方法。当时的马丽萍不过是一个刚刚从象牙塔走出的女孩子，面对灯红酒绿的日本，她本来也有机会留在日本，但她没有留下，而是一次一次地将自己所学传回国，带动了国内相关行业的发展。她说："我知道我自己是来日本学习的，日本当时是很好，我们那时候确实比不上人家，那我就要把好的东西学会并带回去。日本是很好，但是我记得我是个中国人。"

采访前，老师希望我们能问一些有关创新创业的问题，马丽萍老师分享的这个故事虽然和创新创业没有什么直接联系，却让我有种拨开云雾见青天的感觉。今天我们讲"大众创业万众创新"，是为了什么呢？我想最重要的就是为国家的复兴和民族的富强提供更多的帮助，我相信这是我们每一位当代大学生的共同心声：为中华之崛起而奋斗，为建设更美好更强大的祖国而奋斗，为民族复兴和国家富强而奋斗！

（本感想由刘雅洁整理，参与采访人员：刘雅洁、荣江南、袁智健、王嘉敏）

匠心筑梦

第三编

执着追求之爱岗敬业

树立职业荣誉　干一行爱一行：陆凯忠的故事

陆凯忠，上海建工基础集团第五工程公司副主任工程师，高级技师，“陆凯忠劳模创新工作室”负责人。陆凯忠坚守电工岗位27年，参与建设了上海轨道交通2号线、4号线、6号线、8号线、7号线、11号线等重点工程，参加国家电力重点工程宁海玉环电厂和海口开发区、沪东造船厂等重大工程建设。陆凯忠秉承“干一行、爱一行、专一行”的原则，不断攀登技术高峰，先后荣获全国五一劳动奖章、全国劳动模范、全国优秀技术能手、享受国务院特殊津贴专家、上海市十大“工人发明家”、上海市首批“上海工匠”、上海市劳模年度人物等荣誉称号。

好学肯干　勤奋钻研

读书时，陆凯忠通过努力考上了上海建工技校。1991 年从技校毕业后，陆凯忠成为上海基础工程集团一名一线工人。刚刚工作的陆凯忠很快发现，技校生在职业生涯中的成长机会要比高校毕业生少，当时就觉得学位很重要，而且，要提高工作效率也需要进一步学习，掌握更多的知识。1993 年 8 月，陆凯忠参加了成人高考，报考了上海理工大学的机电一体化专业，并以优异成绩毕业。后来，为了进一步提升自己，陆凯忠又报考了华东理工大学，学习自动化及远程监控系统编程，为他在施工中攻坚克难打下了技术理论基础。经过几年学习，他的工作能力有了很大的提升。后来单位里一个项目出了错，很多有经验的老师傅也弄不好，别人推荐他来完成，没想到真弄好了，项目经理对陆凯忠另眼相看，这件事也使他获得了更多的机会，后来，他又花了几年时间去学习了机械机电方面的其他知识，考取了相关证书。

陆凯忠说，自己从小就喜欢电器，喜欢钻研。陆凯忠很早的时候就开始学习和研究盾构技术。那个时候网络还不发达，他就在外面买专业的书籍。碰到问题了，就跑到图书馆去借书，或者到新华书店去买书；有的时候中午吃饭了，他叫同事从食堂里帮他带盒饭，他就边吃饭边研究盾构。通过多年来的刻苦钻研，陆凯忠终于从一个小电工逐渐自学成才，成为公司里的盾构专家。

在轨道交通与越江隧道越来越多的上海，盾构机在施工中发挥着重要作用。一台盾构机价值少则数千万元，多则上亿元，仅图纸就可能多达 300 多页，且国内生产盾构机的厂家屈指可数，大部分需要进口。如何有效地维修、保养，以延长盾构机的使用寿命，是摆在隧道建设者面前的现实问题。盾构机的图纸全是英文，有的还是日文，为了看懂图纸，当时只有中专学历的技工们便自学起外语，以求提高自己的读译能力。“刚开始，我们看盾构图纸就如看天书，甚至一个程序要看半年。”说起当年的艰难，陆凯忠至今还感慨万分。盾构图纸中有大量的专业术语，要将图纸文字翻译出来，并非易事。无专业字典可查，无翻译软件可用，这是对陆凯忠和他的伙伴们最大的挑战。“那时候，我们是东学一点，西学一点，查看各种资料，参加各种论坛进行讨论，慢慢地才对盾构专业知识有了更深的了解，为翻译图纸打下坚实的基础。”陆凯忠当时和伙伴们用了很多个日日夜夜，才将一份多达300多页的盾构图纸翻译出来。

在上海建工基础集团，陆凯忠先后参加了十多个工程的施工，经历了重点工程的锤炼，靠着好学肯干的精神，解决了不少施工难题。不仅如此，陆凯忠更是自主发明创新，通过他不停地琢磨和研发，当初完全依赖进口的盾构设备，目前已经可以达到50%以上的零部件国产化，完全做到了盾构设备自主保养，并大大延长了设备的使用寿命与维修成本。在盾构机掘进中，与其密切配合的由七八台泵组成的水力机械输送系统是控制盾构机掘进质量的关键环节之一。陆凯忠将这输送系统的有效控制和规范操作视作己任，坚持创新型思维，“创作”了一台控制器，使盾构掘进的配套控制技术有了新的突破。根据自己从事盾构施工的实践经验，陆凯忠寻觅资料，拓宽视野，了解到更多更详尽的机械设备基础原理和有关运作程序，他还利用休息时间，学习电脑知识，学习编写程序。为了攻克研制中的难题，他验算、编程、绘图，一次又一次修改和组编，使工作逐步完善。在各方面的支持下，装有32个输入信号、32个输出控制点，接头达500多个，国内首创的“网格式盾构水力机械PLC自动控制器”出台了。在隧道掘进试用中，该产品通用性能和安全性能良好，成功地达到了预定的目标。实践结果表明，控制器不仅能够提高工程质量，还可直接省去各种监护巡视的人工，据最直观的计算，每公里掘进可节省约240人工，且操作简便，控制准确率高，检修简单省时，自动化程度高。陆凯忠还改造了进口盾构机转接回油箱和循环冷却水系统，彰显了节约高效。

参加工作27年来，陆凯忠以全力的投入、忘我的境界，达到他人难以达到的程度，收到事半功倍的效果，大大提高了施工效率，并已累计申报4项国家专利。陆凯忠坚持“身在盾构工地，心在盾构设备”，与盾构结下了不解之缘，以钻研精神攻克了一个个技术难关，书写着本土技术工人在面对“舶来品”时，从逐渐掌握要领，到熟练驾驭和自主维修保养的行业传奇。他被同行称为“盾构电气通”，也被许多国外的盾构专家称作“盾构陆”。

陆凯忠表示，“这么多年能够坚持下来，首先是要坚定终身学习的理念，刻苦钻研，不断提升能力；其次，要树立正确的人生观、价值观、世界观，坚持自己的信仰；再次，必须具备良好的职业道德和爱岗敬业精神，要敬畏自己的职业，把职业当成事业来做；最后要具备创新精神，创新是目标，学习是基础。”

匠心精业　自我超越

一个企业的兴旺发达，需要员工具有强烈的责任心、使命感，并专注和忠诚于自己的岗位。陆凯忠正是这样做的，他在工作中秉持“干一行、爱一行、专一行”的原则，他认为人的一生精力有限，不可能在很多专业上同时取得优异成绩。既然做了这一行，而且喜欢上了电气技术，就要发挥个人最大的潜力，努力做好这一行，钻研这一行。陆凯忠说，对工作尽心尽力，杜绝三心二意，专注自己喜欢的职业，更容易走向成功；只有那些干一行爱一行的人，才能专心致志地搞好工作，在实现个人价值的同时，为企业带来效益。

陆凯忠以精湛的技术，急工程之所急，一次又一次地解决了施工难题。在没有配件图纸的情况下，通过一系列排查，摸清故障，选配国产配件替代，打破日本设备方垄断。一次，某工程盾构机润滑系统连续报警，他力排众议，破除外方技术人员权威，通过认真分析、仔细检查液压系统图纸，发现系统管路和提供的图纸不符，他的专业素养和敬业精神使外方专家折服。最后通过改接线路，为工程降低成本 50 万元，节约工期一个月。在玉环电厂 60 吨大型门吊安装中，面对恶劣的雨雪天气，他带领电工组加班加点，连续奋战 5 天，用了 20 余卷电线，接了上万个接头，按时完成门吊安装，保证了施工正常进行。

在上海地铁工程建设中，鲁班路工地采用从日本三菱公司进口的全断面切削式土压平衡盾构机，由于科技含量高、功能设计独特，且电气、液压原理图等资料均是英文版，要掌握这套高科技装备的操作原理十分困难。面对诸多困难，陆凯忠知难而上，依靠几年前读机电一体化专业时积累的一些英语知识，挑起翻译重任，购买相关技术英汉词典，一字一句地查阅。通过半个多月的努力，将200多张电气、液压原理图资料翻译成中文，令人赞叹和钦佩。

陆凯忠具有可贵的自我超越精神和乐于奉献精神。在采用施工新技术的轨道双圆盾构工地，在日方技术人员为基础集团操作工人培训的过程中，陆凯忠通过潜心研究，针对双圆盾构的电器线路等提出了十几个问题，使日方技术人员感到惊讶，惊叹在中国施工人员中竟有如此高素质的员工，希望将问题带回去研究后再予答复。由于工程的需要，上海建工基础集团从日本进口盾构机，在一个工程工地，该盾构机刚开始施工就反复停机，日方派驻现场的技术人员一遍一遍地查验，却始终找不到问题的症结。这时，陆凯忠对盾构系统进行核查，并提出相关建议，令日方十分惊愕，不愿相信一个年轻的中国工人能找到领导世界潮流的日本盾构产品的缺陷。等到盾构机恢复正常掘进后，日方专家向他竖起大拇指。他在参与验收盾构机的过程中，指出盾构机存在拼装机负荷出现滑移、盾尾油脂压力偏高、人机界面电压变送器损坏、加泥泵运转异常、同步注浆流量仪方向装反、盾构机刀盘位置异常、旋转编码器有故障等问题。他的精湛技术素养使日方专业人员肃然起敬，称这位行家“很专业”。

“在我看来，盾构如人，也需要劳逸结合、休养生息。”陆凯忠说，经过他们的用心呵护，盾构机的使用寿命延长至少5年。先前，盾构机的维修保养都由外包公司完成，但他觉得，“这种事情完全可以我们自己做”。就这样，陆凯忠成了一名“救火队员”，哪里有疑难杂症，他就奔赴哪里，9 000多个日日夜夜坚守盾构施工一线，探索出一条“管、用、养、修”一体化的路径。仅2015年一年，在上海盾构工程多，同时还要北上天津、南下福州参与外埠工程的情况下，他先后完成了13台次盾构机的进场、安装、调试、保驾工作。

同事说他“敬业”且“精业”。有一次冬季施工，泥浆搅拌机的搅拌棒落进了1米深的泥浆池中，盾构机停止运转。日本厂方技术人员发出指令：清空池内泥浆，清洗浆池，准备抢修。若按此方案，抢修前期的准备工作就需花费四个多小时，再加上维修、安装、调试、重新回注泥浆，所需的时间就会更长，既影响工程进度，又会造成环境污染。就在此时，陆凯忠义无反顾跳进冰冷的泥浆池中。两个多小时后，故障终于排除，陆凯忠也成了泥人。

这些年，陆凯忠在盾构领域一次次闯关，率领团队将所有大型设备进行拆解维修，将盾构机中 40 多个设备的 100 余个已损坏的进口零件更换为更加经济实惠的国产配件，重新设计改造后，为企业节约配件采购成本近 200 万元；他自主研制的“海瑞克盾构的水循环辅助系统”也成功应用于施工项目。

发挥合力，技能晋级

盾构机需要定期保养，一般半年就要保养一次；盾构施工风险很高，必须确保万无一失。2004 年，陆凯忠作为带头人成立了劳模创新工作室，总结提炼盾构施工经验。过去修理盾构机凭的是经验，现在讲究的是科学方法和充足的技术后盾。人才队伍的壮大也为工作室创新能力的提高提供了坚强保障。陆凯忠以劳模创新工作室为平台，大胆实践大盾构维修保养工作，成功实施了轨道 12.26 标工地首台盾构转场；编制了双圆盾构改造的“监造大纲”和“监造细则”；完成了福州地铁 1 号线“海瑞克”盾构机水箱的改造和安装；拟定了“海瑞克”机电设备的研究与改进、PLC 自动化系统研究、15 米大直径盾构隧道掘进姿态的探索与研究、15 米大直径盾构机电设备的研究与改进、15 米大直径盾构机配套泥水场地的 PLC 自动化系统研究、大型盾构机保养维修的探索等前沿课题。

一项项创新成果的诞生，使陆凯忠工作室的美誉度不断提升，不少青年技工以此为荣。经过多年发展，该工作室已经由原来的 6 人发展到目前包括 1 名高级技师、4 名技师、5 名高级工在内的 20 多人，从而不断为隧道工程的顺利推进保驾护航。

在陆凯忠的带领下，工作室成员在技术创新的平台上发挥潜能，用崭新的思路为企业承揽的工程降低成本，提高效率。近年来，上海市轨道交通工程启动大规模建设，盾构掘进的任务十分艰巨，工作室以盾构工程为舞台，带领成员顽强创新攻关，取得了一系列重大成果，如：陆凯忠结合实际开发出了触摸式屏幕控制系统，将顶管机后座千斤顶控制、头部纠偏油缸控制、泥水平衡系统各种泵埠控制的工序集中到一个电子屏幕上，实现了人机对话，减轻了操作的劳动强度，提高了设备控制和维修的准确度；陆凯忠攻关研制了“三段二铰泥水平衡顶管机电气控制系统”，使组态软件结合 PLC 初步在顶管施工中获得应用，提高了上海建工基础集团盾构顶管的技术水平；潘志诚实现了程控交换机互连，可以使相邻隧道的程控机保持联络，改变了过去市场购置的程控机只能局限使用在一条盾构内，相邻隧道难以联系的窘况，为相邻盾构间施工在人员、技术、设备材料等资源上的互补创造了有利条件；吴云峰设计了电子显示屏，可以实时动态反映隧道下工作人员的数量，为盾构操作人员的生产增加了一把安全锁。

作为陆凯忠工作室的初创者之一，党员吴云峰对于工作室能走到今天感触颇多。2008 年修建的人民路隧道，是上海建工基础集团第一次承建大型越江隧道工程，这一工程需要让盾构机在狭窄的老城区马路下穿行。而盾构厂家的日方人员只负责调试两个月，此后便由中方施工人员处理。在困难面前，吴云峰没有被吓倒，他将操作程序一一弄清楚，“那时候，我两个月都没回家，天天泡在工地上。”辛劳和汗水换来沉甸甸的收获，他终于掌握了盾构机维修要领。在其他项目上，来自陆凯忠创新工作室的党员骨干潘志成、顾解桢等，也纷纷挑起大梁，让盾构机在地下一步步向前推进。陆凯忠很庆幸，自己并非一个人在战斗。

通过发挥各方合力破解难题，2011 年，工作室被命名为上海市首批“劳模创新工作室”。陆凯忠毫不保留地把自己在实践中积累起来的珍贵经验与大家分享，与大家共同前进。他带领工作室的成员利用业余时间，总结提炼盾构施工经验，为企业电气操作工编制了教学培训大纲，整理了企业从上海地铁 1 号线开始从事隧道施工的工作经验和所有设备资料，编写出各种类型盾构机的电气原理及操作技术教材，涉及网格式盾构、NFM 盾构、三菱铰接式盾构、石川岛双圆盾构等各类盾构机。

2012 年，工作室确立了 5 项创新课题，涉及规范操作技能、优化作业流程、提升工作效率等，帮助解决技术难题20多个。从事盾构电气施工的技工素质也有较大提高，过去只有同时开展3条盾构施工线的能力，现在可同时开展6条以上盾构施工线。借助重大工程建设的舞台，陆凯忠工作室还发明制作了“PLC控制系统”，第一次将辅助盾构掘进的各种设备集中受控于一个操作平台，实现了人机对话。工作室研制的“盾构远程数据采集分析系统”，使远在1 000多千米外的天津地铁工地盾构施工动态信息也显示在集团的局域网上，有效实施远程异地监控。2014年，工作室获得全国第一批“示范性劳模创新工作室”，2015年被评为全国技能大师工作室。自2004年成立以来，陆凯忠工作室累计完成技术创新、发明创造16项，完成设备方面的技术改进和技术改造12项，解决各类施工技术难题54项，给企业带来直接经济效益3 200余万元。

进入上海建工基础集团27年来，陆凯忠始终立足施工一线，钻研盾构电气疑难杂症；践行工匠精神，引领团队技术创新。陆凯忠说：“爱岗敬业是一种普遍的奉献精神。它不仅是个人生存和发展的需要，也是社会存在和发展的需要。只有爱岗敬业的人才会在自己的工作岗位上勤勤恳恳，不断钻研学习，为社会做出应有的贡献。如果一个人把本职工作当成事业来做，那么他就成功了一半。如果把工作当作一项事业来看，工作是一种积极的、主动的、创造性的劳动。有了目标和追求，人就有良好的精神状态和不竭的动力，就会精益求精，开拓创新，做出一番成就来。”

陆凯忠通过自身的努力，把工程项目作为发挥才能的舞台，先后被评为上海建工基础集团优秀共产党员、“自学成才、爱岗敬业的优秀技术工人”、上海市职工职业道德“十佳”标兵个人、上海市工人发明家、上海市立功竞赛20周年特别表彰“重大贡献人物”、首批“上海工匠”，获得上海市五一劳动奖章、全国五一劳动奖章，荣获上海市劳动模范、全国建设系统劳动模范、全国劳动模范等荣誉称号。他始终把敬业作为一项使命、一份责任、一种精神，从工作中获得了无穷的乐趣，他的人生也因此而得到升华。他抱定志向，把敬业内化为一种品质。

陆凯忠认为，“要实现国家富强、民族复兴、人民幸福”的中国梦，需要每个人保持爱岗敬业的态度。如果每个人都能在各自岗位上一步一个脚印，认真勤恳努力，一点一滴的积累就会汇集成巨大的财富，而这些财富将促进我们的社会稳定发展。陆凯忠说："我们要以正确的态度对待自己的岗位，热爱自己所从事的工作，并能从中体会到幸福感、荣誉感。一个人一旦爱上了自己的职业，就会全身心投入到工作中，就能在平凡的岗位上做出不平凡的成绩。"今天的陆凯忠仍坚持躬耕一线，潜心钻研盾构电气技术，他说："二十七年前，我是一个工人；二十七年后，我还是一个工人。"

采访心得

（一）

这一个小时的访谈学习使我受益匪浅。

为什么我们要爱岗敬业？我们提倡爱岗敬业，即热爱自己的工作，尊重自己的职责，对工作勤奋有加，这是一种普遍的奉献精神，更是最基本的职业道德规范。从职业道德教育的内涵来看，大学职业道德教育是大学德育的重要组成部分，它既是社会规范在个人身上的体现，同时也是个体接受外部经验、内化外部经验，指导自己行为的重要形式。所以，大学职业道德教育对个人乃至整个社会都具有非常重要的意义。

当代大学生是社会的未来和希望，对当代大学生进行职业道德教育非常重要。就像陆凯忠劳模所说，要实现习总书记提出的"国家富强，民族复兴，人民幸福"的中国梦，需要每个人保持爱岗敬业的态度。如果每个人都能在各自岗位上一步一个脚印，踏实认真，勤恳努力，一点一滴的积累就会汇集成巨大的财富，使我们的社会稳步发展，最终惠及每一个人。

一是敬业应当爱岗。虽然我们常把爱岗和敬业放在一起讲，但爱岗涉及的是人的感情，而敬业涉及的是人的意志，两者属于不同的范畴。爱岗的核心是对社会、对人民、对服务对象的深厚情感，全心全意为人民服务、大公无私为社会奉献，要具有崇高的职业道德品质。二是爱岗必须敬业。在工作中，要具有责任感和主动精神。是否具有主动工作的精神，决定了一个人能不能承担更重要的工作和责任。三是敬业必需精业。所谓精业，就是要熟悉业务、精通业务。要做到熟悉和精通业务，就应从学好专业知识做起，加强社会实践，培养动手能力；参加工作以后，要充分调动自己的聪明才智，在学识和业务上与时俱进。四是敬业要从小做起。日常生活中有大量事务性的、琐碎的工作需要处理，敬业就是要从每一件小事做起。

陆凯忠劳模告诉我们，既然选择了自己的专业就要脚踏实地去学习，培养好的习惯，并制定目标，一步一个脚印地去走。学好自己的专业是最重要的。提高个人的职业素养是实现人生价值的重要条件，是职业发展、事业成功的前提。

陆凯忠劳模从头到尾贯彻的都是“学习”二字，正如他自己所说：“坚定终身学习理念，刻苦钻研，不断提升能力。”的确，活到老学到老，人们只有一直提升自己的专业能力，才能更好地服务社会。已经工作的人们都需要努力学习，身为大学生的我们又有什么理由不去努力学习呢?

最后，我希望自己能通过不断的学习提高自己的职业素养，成为一个爱岗敬业的人，为行业的发展尽一份力。感谢学校老师给予我这次访谈学习的机会!

(本感想由孙琛佳整理。参与采访人员：孙琛佳、杨潇、陈迪、葛晓剑、陈臻怡、罗展)

(二)

来到上海上大学，惊叹于“魔都”的繁华，更被这里交通的便利所折服。每次乘坐地铁，我都对轨道交通的建设者充满了敬佩。这次暑假，我有幸采访了对上海轨道交通建设做出巨大贡献的陆凯忠劳模，让我有机会感受“爱岗敬业”这四个字最深刻的含义。

在与陆老师的交谈中得知，陆老师最开始只有大专学历，现在却是全国劳动模范，这其中所经历的艰辛是我们难以想象的。在他几十年的工作生涯里，他一直秉承一个原则：干一行，爱一行，专一行。他说，人的精力是有限的，不可能同时在多个领域获得成功，所以我们要根据各自的特点，选择适合自己的行业，发挥个人最大潜力，努力做好这一行，对工作要尽心尽力，杜绝三心二意，专注自己喜欢的职业，然后一步步走向成功。

对于即将步入工作岗位的年轻人来说，提高个人的职业素养是至关重要的。对于“职业素养”这个比较抽象的概念，陆老师这样解释：“职业素养是实现人生价值的重要条件，是职业发展、事业成功的前提。当我们具备了良好的职业素养时，我们的劳动素养、劳动效率、产业质量等都会得到提升。”陆老师的一番话，让我认识到现在努力提升自己的重要性，在未来漫长的职业生涯中，我们将会面临各种各样的挑战，我们无法预知未来对我们的考验是什么，所以我们只能把握住现在，珍惜时间，努力打好基础。

陆老师激励我们，要想在激烈的竞争中立于不败之地，必须不断“充电”，不断接受新知识，掌握新技能，再接再厉，抓住机遇，为自己今后踏上社会奠定坚实的基础，走好职业发展的第一步。

短短一个小时，陆老师给我们讲述了他多年的奋斗经验和奋斗故事。虽然没有长篇阔论，但我们却能从他朴实无华的话语中体会到最为宝贵的劳模精神，体会到“不怕吃苦，刻苦钻研”的爱岗敬业精神，这将给我未来的学习以及职业生涯带来极大的帮助。所以，万分感谢包括陆老师在内的所有劳模，感谢他们为我们树立了一个奋斗的标杆，给我们提供了前进的动力。

（本感想由杨潇整理。参与采访人员：杨潇、孙琛佳、陈迪、葛晓剑、陈臻怡、罗展）

培育岗位意识　兢兢业业铸不凡：吴欣之的故事

吴欣之，全国劳动模范，全国钢结构安装专家，上海市建工机械施工集团资深总工程师，同济大学土木工程学院兼职教授。在长期的工程建设中，吴欣之先后在大跨度、大悬挑、超高层、特殊形体钢结构施工，大型钢结构整体安装，大型桥梁、高架立交施工，磁悬浮轨道施工，索膜结构安装，以及地下空间结构施工等建筑结构工程领域取得一系列成绩，多项成果达到国际先进水平。

吴欣之主持开发了计算机控制液压整体安装技术，组织实施了上海东方明珠电视塔钢桅杆安装、浦东国际机场一期和二期大跨度“海鸥”式航站楼整体牵引、广州国际会展中心138米跨度大型屋盖系统整体位移、重庆江北机场5 000吨钢结构航站楼180米的整体平移、上海沪闵高架二期虹梅路交叉四层钢结构立交的大面积大体量桥面整体顶推、上海旗忠森林体育城网球中心开启式屋面整体旋转顶推、上海中心结构安装等，为我国大型结构整体安装和控制技术创新做出了卓越贡献。吴欣之先后获得国家科技进步二等奖2项、国家级工法2项、专利6项；省部级科技进步一等奖2项、二等奖8项，发表论文20多篇；荣获上海市劳动模范、建设部劳动模范、全国劳动模范称号，曾被评为上海市十大科技精英、上海市科技功臣，荣获国家中青年专家称号，享受国务院特殊津贴。

吴欣之劳模谈爱岗的历程

吴欣之劳模说，刚刚毕业时，他们所处时代和现在不同，所受教育也不同。他们当时要做一颗螺丝钉，在哪里都能发挥作用，国家的需要就是他的志愿，国家让他做什么，他就做什么。刚毕业时，因为政策原因，他被分配到崇明农场。在农场干了五年多以后，他被抽调到上海的工矿企业，1973年年底，到了建工局。最初都不知道建工局是干什么的，后来才逐渐有了了解，感觉还是可以做些事情的，慢慢地就爱上了这个工作。

1949年到1978年，上海虽然是全国的工业基地，但城市建设几十年没有什么大的变化，面临着很多困难。第一个困难是交通问题。当时没有地铁，只有公交，吴欣之8点上班，5点多就要从家里出发，路上很堵，公交要过外白渡桥，就要花掉40分钟的时间，往返浦东浦西只能靠渡船。第二个困难是住房问题。当时的标准是人均不足2平方米就是困难户，2平方米也就是一张床的大小，所以只能一个房间住好几代人，这也反映出城市建设的落后。而“文化大革命”期间，只抓革命不抓生产，矛盾就更加突出了。所以当时吴欣之从事这个职业，心里就想，等了几十年，总算有机会搞建设了，就有一种迫切感，希望能够通过建筑工人的劳动改变城市的面貌，改善人民的生活，所以吴欣之非常珍惜这样的机会。实际上，这就是一种公民责任。吴欣之认为，他之所以在这几十年里还能一直保持积极性，就是因为有一种内在的动力，就是为社会做贡献。吴欣之的父亲是交大毕业的，是当时的高才生，但在“文革”期间，父亲学到的东西没法发挥，吴欣之说，自己所处的时代比父亲所处的时代好，虽然自己的成绩没有父亲好，但遇到了好机会，城市建设几十年不停，从1978年建成宝钢，再到1988年、1989年修建南浦大桥，一直到吴欣之退休，项目一直不停，一个接一个。

吴欣之说，虽然建筑行业并不是自己主动选择的一个行业，但他也很自豪：他的同学有的在工矿企业，有的在机电局，有的在轻工业局，但大家都觉得吴欣之的岗位最伟大，因为他参与的一些工程直到现在都是上海市的地标。当时建浦东机场、东方明珠、上海中心时，他带同学们去参观，同学们都觉得还是建筑工人好，建设的东西大家看得见，而且流行的时间较长，大家都觉得建筑工人的岗位是很伟大的，也是很有价值的。

吴欣之劳模对爱岗敬业的理解

在吴欣之劳模看来，无论从事什么职业，如果你自身没有激情，你就不可能拼尽全力地追求卓越，当然也不可能取得成就。如果单有想法，没有激情也做不好这个事情，更谈不上爱岗敬业。要爱岗，首先要发挥自己的才干，其次就是要符合社会的需要，这两者要结合起来，脱离社会、脱离市场是不行的。现在大学生们可以自己选择职业，但是竞争很激烈，并不是你想要什么岗位就有什么岗位，所以对大学生来讲，爱岗敬业还有一个方面就是适者生存。吴欣之劳模说，他刚进入建筑行业时，建筑行业并不被看好，别人认为建筑工人就是体力劳动者，日晒雨淋，常年在外，很艰苦，但现在，随着时代的进步，人们逐渐了解到，建筑行业也是非常伟大的，现在不少外国人希望我国的建筑行业参与他们国家的基础设施建设，说明我国的建筑行业发展很快，在全世界也是领先的。我想，正是因为有吴欣之这些从事土木工程的人的经验、积累和辛勤的劳动，我国的建筑行业才形成这样的国际竞争力。

吴欣之劳模谈爱岗敬业与就业市场双向选择的关系

吴欣之劳模说，现在政策也允许个人自由选择职业，这是个很大的进步，一个人在一个单位工作，重要的是积累经验，提高个人素质。积累需要一定时间，过度频繁的跳槽会影响积累，跨行业跳槽的影响就更大。每个企业的文化不一样，如果遇到好的单位，一定要珍惜，有些单位可以实现个人发展，提高个人素质，有成长空间。所以选择单位，首先要看在这个单位里能否学到新的东西，素质能否提高，这是选择单位的一个重要参考。到公司工作一段时间并积累了一定的经验以后，要考虑你的价值能否实现。实现个人价值，收入是一个方面，能否得到公司的器重也是一个重要方面。第三个就是成长空间，如果一个单位能够提供足够的个人发展空间，你就不会想跳槽。但是如果以上这些都没有，也可以通过跳槽来寻求更好的平台。跳槽是为了让自己的人生更加有意义有价值，焕发出光彩，发挥更多的作用。当然，从企业的角度来说，企业培养一个人才并不容易，并不希望员工频繁跳槽，但跳槽不一定是件坏事，每个人都有选择的权利，我们要利用好自己的权利，要选择一个有利于自己成长、可以为社会做贡献的企业。只要能够为社会做贡献，爱岗敬业与跳槽实际上并不矛盾。

吴欣之劳模谈如何才能做到爱岗敬业

第一，要有正确的价值观，有公民责任，有服务社会的意识，知道这个行业在社会上所起的作用。第二，要能发挥自己的才能，这个才能不是天生就有的，是通过后天学习才会具备的。爱岗敬业不是口头上要追求卓越，而是说，既然你做了这个工作，就要想办法做到最好，要想做到最好，就要充实自己，所以要不断地学习。爱岗敬业，需要我们具备相应的知识和能力，没有这方面知识和能力，即使你想做也做不好。爱岗敬业还要处理好人与人之间的关系，这也是一门学问，处理得不好可能也会影响你的发挥，领导不一定赏识你。吴欣之劳模说，处理好人际关系，不是拉帮结派，而是老老实实干活，对上级布置的每一个任务都认真完成。这个最重要，所以不管领导换不换，不管是谁交代的任务，只要是企业的任务，都应该认真完成，只要能做到这一点，和领导的关系就不会差。还有就是对下属的态度，做总工程师最重要的一点就是集思广益，一个人能力再强也总会有失误的时候，你的点子再多再好，也有人比你的点子更多更好。所以，你要听取大家的意见，调动大家的积极性，使整个团队的能力得到发挥。

吴欣之劳模谈工作热情

吴欣之劳模是搞技术的，虽然总体来看，他在工作上并没遭遇太大的波折，但具体的困难一个接一个，主要是技术上的困难。吴欣之所在公司的项目主要是结构安装，比如上海金贸大厦、上海中心或东方明珠的结构化安装。这些建筑的主要特点就是“高”，原来吊的厂房只有二三十米高，现在有600多米了，技术上的要求在不断提高。吴欣之举例说，广州电视塔有600米左右，因为它是一个塔，中间有160多米是没有楼层的，施工作业非常危险，风险也非常大，既要保证塔的质量，又要保证人的安全，是一个很大的挑战。为了确保施工人员的生命安全，他们花了几千万做了一个安全操作平台，人到了这个平台上就像在地面上工作一样。吴欣之说，建广州电视塔，最欣慰的就是没有一位工人受伤。这个过程体现出两个问题，首先就是责任问题，企业的技术骨干有责任保证工程的施工质量，并保证施工人员的安全；其次就是企业的竞争力问题，只有提高企业的核心竞争力，才能在市场上立住脚。每一个项目都不一样，为什么有些企业就能够接到这么多项目？因为这些企业有能力把它做好，而这个能力是在不断克服困难后形成的。

吴欣之劳模说，自己所在的企业有两次和外国公司竞争，我们要向外国人展现我们的水准，不然会被他们看不起，中间有一个零件需要从外国购买，由于太贵，我们就不断和外国人协商谈判，无果，只能自己来制作，最后我们克服了重重困难，不断尝试，只用了半年时间就做出来了，不仅为祖国节省了一大笔钱，还为祖国争了光，就是因为克服了这样的困难，所以才让我们有了跻身世界一流企业的志气。

吴欣之劳模谈个人职业发展与城市建设发展的关系

城市建设的概念是不断发展的，从开始的基本建设（市政、桥梁、道路、住房）到现在的深入建设，新的知识、新的挑战不断涌现。吴欣之所在的企业现在有一个很大的工程——海绵工程，这个工程相比以往的工程挑战更大，这就要看个人的职业素养能不能胜任这个挑战，现在，他所在的企业通过不断尝试，已经突破了挑战。城市建设在不断发展，它的概念、内涵、对象、研究方法等也在不断发展，所以要想克服重重困难，突破重重挑战，就要提高企业素养、团队素养和个人素养。没有做过的事情，想要做成功，就要潜心研究。

吴欣之劳模寄语大学生

在学习过程中，除了学习学校课程以外，还要关注新技术的发展。例如3D打印技术，看起来很遥远，实际上现在已经有很多人在做，要了解新技术的应用及新材料的应用，既要学经典的知识，也要跟上时代发展的潮流。还有就是要了解行业发展的趋势和要求，把握行业发展的脉搏，这样可以做充分的准备，成为复合型人才。不要拒绝与实践的接触，经验是很重要的，光学习理论知识没有实践经验是不行的；不要荒废实习的时间，无论想从事哪个行业，如果想做好，就要尽可能接触实践，要边学习边应用，要把实践和理论紧密结合，多参加各种竞赛。

采访心得

这个暑假，我有幸成为“劳模精神教育实验班”的一员，采访了上海市建工机械施工集团资深总工程师吴欣之劳模，亲身感受劳模的风采。

吴欣之劳模在采访中十分健谈，他用风趣的语言与自己的亲身经历，向我们生动地讲述了他对于“爱岗敬业”的看法与见解，使我对“爱岗敬业”有了更深刻的理解。

学习方面，我们要认真学习学校所开设的文化课、专业课，除了这些课程以外，我们还要关注目前的时代变化，多多关心朝气蓬勃的新技术，要跟上社会的发展形势，了解自己所在行业的发展趋势和对人才的要求。同时，对自己的专业技能要多加练习，有机会的话，可以尽量多参加一些技能大赛，通过参加这些比赛来积累更多的经验，为自己今后的工作打下良好的基础。

工作方面，我们要在课余时间里尽可能多地参加一些学生组织，如学生会、社团等，在这些组织中，我们不仅丰富了自己的生活，更锻炼了自己各方面的能力，特别是人际交往能力。

职业发展方面，我们要有“做一行，爱一行”的态度，我们在实习的时候，不能只把实习当作一个任务，不要拒绝与实践的接触，因为经验都是在实践中积累的，如果想要对自己从事的工作持有热情，就要对它有一种积极的态度。目前，很多年轻人一旦觉得自己在公司里待得不舒服了，就会选择跳槽。对此，吴欣之老师说，跳槽未必是一件坏事，它会使我们积累更多的经验，使自己的能力有所提高，也会使我们接触到更多的企业文化。但是，频繁的跳槽是不可取的，对我们的职业发展没有好处。

采访劳模的过程虽然只有一个小时，但吴欣之劳模在学习、工作、职业发展等方面给予了我们十分宝贵的意见，让我们受益匪浅，给我们的影响是十分深远的。今后，我们要好好学习，理论联系实际，把学习到的东西运用到工作实践中去，充实自己，迎接挑战，为今后的城市建设和城市发展尽自己的一分力量！

（本感想由陈臻怡整理。参与采访人员：陈臻怡、葛晓剑、杨潇、孙琛佳、陈迪、罗展）

弘扬职业精神　融入自我出实绩：梁慧丽的故事

梁慧丽，女，1956 年 12 月出生，中华全国人民调解员协会理事、上海市首席人民调解员、上海市普陀区桃浦镇莲花公寓居民区党总支书记。1996 年 6 月，梁慧丽从大型国有企业中层干部岗位转岗到社区工作，担任普陀区中山北路街道万民居委会党支部书记、主任；2000 年随“两湾一宅”的动迁居民来到桃浦镇莲花公寓小区，担任居委会书记、主任。

1996年，国有企业棉花厂倒闭，一些中层管理干部被安排到社区做社区居委会党支部书记、主任，梁慧丽被安排到莲花社区。梁慧丽说："我们这一代人，干一行，爱一行，接手了这个工作，我就爱上了这个工作，同时我也是一个要强的人，既然做了这个工作，我就要把它做好。"莲花社区汇聚了五个区的拆迁户，矛盾多、问题多、困难大。当年的莲花公寓，各种配套工程还未完成，开发商就撤走了。大批居民入住后，发现这里竟是一个"五无一临时"小区，水是深井水，电是临时电，一到晚上7点，没了临时电，水也压不上来；周边没有商业网点，最近的公交车站在几千米之外，有线电视也没有通，面临着无自来水、无管道煤气、无有线电视、周边无公交线路、无商业网点，生活用电拉的是"临时线"等突出矛盾，很多地方杂草长得比人还高，居民把小区称作"孤岛"，经常把一肚子怨气撒在居委会干部身上。梁慧丽刚任书记时，居民反应很强烈，嫌她年轻没经验，赶她走，她当时就对居民说，如果一年内莲花社区没有改变，她自己走。为了帮居民解决这些急愁难，梁慧丽不仅把家安到了莲花公寓，方便居民随叫随到，也承诺每年为居民做一件实事工程，争取早日解决小区配套问题。梁慧丽没有因为居民的怨声载道而退却，她带领居委会其他干部一步一个脚印，慢慢为这座"孤岛"带来"生机"：把自来水管道接进小区；将电线"临时线"变为"固定线"；向上级部门反映居民呼声最高的出行难问题，引起了各级领导的高度重视，并协调解决了运营、车辆更新，建设了小区大门前的斑马线、红绿灯等设施。当2003年做到第三件实事工程时，居民们一致认可了"梁书记"。如今，公交768路终点站就设在莲花公寓小区门口，大大改善了居民出行难的问题。面对困扰已久的积水问题，她天天紧盯着工程，严格把关，直至妥善完工……现在的莲花公寓，设施齐全，绿树成荫，道路整洁，成为全市社区治理的"经典案例"。梁慧丽说："这所有的一切，来自每天不断的坚持。"

现在很多社区的居民都对她说："梁书记，你不能退休啊！"从赶她走，到让她留，这20多年的时间，梁慧丽可以说是上海社会治理创新的实践者、亲历者，感受和体悟着来自基层的种种变化，对她来说，莲花社区已经不仅仅是一个工作岗位，而是承载着发自内心的热爱。

梁慧丽劳模说，爱岗敬业，拆分开来就是爱岗和敬业。爱岗，就是热爱自己的工作岗位，热爱本职工作，这是一种最基本的工作要求；敬业，就是用一种严肃的态度对待自己的工作，勤勤恳恳，兢兢业业，忠于职守，尽职尽责，这是一种职业态度。爱岗敬业就是要为老百姓做实事，为人民服务，对社区有奉献精神。只有爱岗敬业才能在这个社会上立足，爱岗敬业是一种精神，它能够让劳动者充分发挥能量，更加完美地展示自己，在服务他人的同时也给自己提供了更多的晋升空间。爱岗敬业还是一种社会风气，只要大家都做到爱岗敬业，这个社会会变得更加美好。

在梁慧丽劳模看来，爱岗敬业就是要对工作认真负责，有奉献精神，且能坚持不懈。爱岗敬业是一种工作态度、工作要求。就业市场需要爱岗敬业的人，需要工作认真的人。

梁慧丽劳模说，要做到爱岗敬业，首先就是要热爱自己的行业，有了热爱才有热情，才能做好这个工作；其次，要有敬业精神和奉献精神，即便是在最平凡的岗位上也要坚持不懈，一丝不苟。社区居委会书记这个职位的工作内容是相当烦琐的，每天都有许许多多小事要处理，而且每天的工作都差不多，没有“挑战性”。但她没有想那么多，每天把自己的事情做完了才肯休息，如果当天的任务没有完成，心里就不舒服。

梁慧丽劳模对社区管理专业的大学生说，在社区工作，一定要坚持，要有奉献精神，要以身作则，为老百姓着想。年轻人有活力，但也缺乏经验，社区工作是很累很烦琐的，在社区工作的时候一定要用智慧的办法，凝聚党的组织力，本着为大家服务的心，只有这样才能做好。

梁慧丽劳模认为，社区工作者的个人职业精神会影响到社区的发展。社区的发展将会直接影响城市社会治理的效果。只有社区发展了，城市才会发展。社区的发展依靠个人的努力，如果一个小区的居委会强大，居委会团队有能力，这个社区就会得到发展，整个城市也就能得到更好的治理。

爱岗敬业的第一件法宝：用情用心

多年来，梁慧丽坚持带着感情、融入亲情、注入真情与群众打成一片，做到心为民尽，造福一方。作为一名社区工作者，梁慧丽面对的多是邻里不和、夫妻吵架、道路积水、噪声扰民等家长里短的琐事，但她却不厌其烦，日复一日，为群众排忧解难。莲花公寓居委会每天早8点开门、晚9点关门，全年无休。这套作息从梁慧丽搬到小区，担任居民区党总支书记、居委会主任之后，20多年来从未改变。她的手机常年畅通，24小时待命，休息日也不关机，每天接听近百个电话是她的常态。当台风、暴雨导致底楼小区居民家中进水、抽水马桶返灌时，她组织大家帮助受灾居民排水，带头坚守在第一线；当得知独居老人、残疾人被台风暴雨阻隔，或因冰雪天气出行困难时，她带领党员为各自楼道需要帮助的人排忧解难、代购物品。莲花公寓如今共有居民8 600多人，其中60岁以上的老人有2 200多人，还有19位是独居的老人。为了解决老人们的吃饭和看病问题，梁慧丽动足了脑筋，为方便居民就医保健，她和居委会干部压缩办公用房，腾出近150平方米的面积，在上级支持下建立了社区卫生服务站，方便老人们配药、打针，还开设了老年食堂为老人们供餐。

王老是一位身患残疾的退休老师，两个儿子都在澳门，身边也没有其他亲戚，儿子便想把老人送进敬老院，但老人死活都不愿意。最后他们只好转而求助梁慧丽，甚至把身份证、房产证、银行卡全部都交给了她。王老的脾气不太好，梁慧丽总共为他请过16个保姆才最终敲定。王老瘫痪失禁，保姆不会处理，好几次在半夜一两点钟打电话给梁慧丽，她便立刻从家中赶去为王老换尿布、擦身体。最后老人在家中去世，儿子们赶不回来，又是“女儿”梁慧丽带着居委会为王老设灵堂、办告别仪式、捧骨灰盒，两个儿子回来后既感动又惭愧。85岁的孤老潘老伯每逢患病，都是梁慧丽送医诊治、侍奉汤药，老人大便不畅，她更是用手为他抠便以缓解老人的痛苦。很多孤老去世后，无人料理后事，梁慧丽便给他们擦洗身体、换衣服、守夜送终。

梁慧丽扎根社区，凭着一股热情和闯劲，啃下一个个“硬骨头”，让一个“烂尾小区”彻底变样。居民舒心了，这个不一般的“小巷总理”也赢得了居民的尊重和喜爱。“凡是老百姓的民生事都和我‘搭界’”，梁慧丽的工作“法宝”中，第一条便是有心。用情用心，凡事不怕吃亏，凡事换位思考，拿真心换真心。

爱岗敬业的第二件法宝：有担当

有心，更要有担当，遇急难有决断，遇险从不推诿。梁慧丽靠着一股韧劲，及时回应，认真解决居民的要求和困难。梁慧丽说："组织对我信任，群众对我期盼，我必须信守承诺！居委会书记就是居民的勤务员，老百姓来找我也是相信我。答应居民的事一定要做到！"在她看来，做好居民身边的小事，基层多化解一分矛盾，城市就多一分和谐。

梁慧丽当居委干部的20多年，随着时代的变化和社会的发展，面临的问题越来越多样化，复杂程度也越来越高。在处理复杂的各类工作的过程中，她最在意的原则是：我这"小书记"的使命就是服务居民，居民的小事就是我心里的"大事"，不把自己摆进去，不解决好这些小事，就会变成基层党组织失去民心的"大事"。

每年春节的大年夜都是别人家庭团圆的日子，梁慧丽却总是坚守岗位，坚持留在居委会值班；居民遇有困难或是突发急事，梁慧丽都是第一时间赶到现场处置。当台风、暴雨导致小区内底楼居民家中进水、马桶返灌时，她带头帮助受灾居民排水，经常一干就是通宵，并且将自家的生活用品无偿送给受灾的居民使用。

作为一名居委会书记，把居民当自家人还不够，做好人的同时还要敢于"出头"，积极为居民争取应享该享的利益，"意见书记"的外号是上级对她的鼓励，也是群众对她的肯定。莲花公寓从"五无"变"五有"，每年为居民落实至少一件实事，"意见书记"的贡献可不小。2000年时，这里的野草跟人一样高，每到雨天，地上一片汪洋，顶层也会漏水，居民室内一片积水。2009年，在梁书记的争取下，152幢居民楼实施平改坡，解决了屋顶漏水的问题，但地上积水导致一楼居民家进水的问题迟迟得不到解决，2013年，梁书记为此直接跑到普陀区主管部门提意见。工程批下来之后，只用短短两个半月就完成了全小区的水管网络改进工程，困扰了居民十多年的积水问题，终于被"意见书记"给解决了，这是顺了多大的民意啊！通自来水，通管道煤气，建白领公寓，建超市，建饭店，通有线电视，通公交，这20多年来，哪一项不是事关居民权益的实事？又有哪一项不是“意见书记”勇敢“出头”争取来的？这背后，是梁慧丽全程事无巨细、亲自把关的工作作风的体现。

和梁慧丽共事多年的徐大姐说，管网工程要把小区地面全部掘开，单小区里的近千辆私家车就没地方去，如果不是梁书记的号召力和凝聚力，不是她事无巨细日夜盯着工程，不要说两个半月，就是半年也不一定能搞好。

工作期间，梁慧丽一度身患重病，历经生死考验，依然在很长一段时间里坚持带病工作。2015年5月，她在体检时查出乳腺肿瘤。然而，她仅在手术当天同社区“失联”一天，第二天醒来，她立即通过手机和居委会同事讨论工作。当时，居委会正在安排换届选举，还在化疗中的梁慧丽坚持来到会场，指挥居委会换届选举工作。住院期间，她始终心系居委会的各项工作，为确保居委会顺利换届，她多次拖着病体亲临现场坐镇指挥，保证了居委会换届选举的平稳有序。她还十分注重年轻干部的培养和成长，发挥“传、帮、带”作用，手把手教他们如何做好群众工作。

梁慧丽说，现在自己身体恢复得蛮好，精神很足，“这20多年，只有生病的那几天没有在岗，其他时间没有一天不在岗，最主要的源泉是坚持，对书记这个职位的坚持，再一个就是我的家人都很支持我，老公、儿子支持我。为了社区的那些空巢老人，我已经20多年没有和家里人吃过年夜饭了，每次过年，我都会给社区里的孤寡老人送温暖，除夕那天亲自下厨，和他们一起吃年夜饭。20多年里，百姓对我的信任，领导对我的信任，家人对我的支持，都是我能坚持工作的精神源泉。60岁的年龄、50岁的状态、40岁的干劲——这就是我工作和生活的目标。”

爱岗敬业的第三件法宝：有智慧

有担当，还要有智慧。社区居民的个性不一样，面对的问题也不一样，梁慧丽善于总结经验，创新方法，突破困局。她有个形象的说法：社区干部拿到一手好牌，得努力打好；拿到一副不好的牌，也得想办法“争上游”。遇到问题，梁慧丽从来都是想着怎么解决，暂时不能解决的也要直接面对老百姓，把问题摆出来，大家一起想办法。在她看来，在这样的过程中，居民参与社区工作，居民自治的能力和活力也就一步步激发出来了。

梁慧丽不仅能发挥模范带头作用，还善于协调各方利益，有效组织各方资源，全盘激活各方潜力，形成工作合力，调动社区力量参与社区建设与管理。她带领党员队伍、居民骨干队伍、志愿者服务队伍，开展了以改善民生为重点的“察民情、解民忧、聚民心、保民安、予民乐”的“五民”主题活动；建立了由 64 名党员组成的“社情民意沟通组”，协调处理各种矛盾。为了解决社区居民特别是老人吃饭和购物的问题，梁慧丽主动牵线，利用小区内一家单位的底楼门面房开设“老年食堂”和超市，为老年人提供物美价廉的中晚餐，超市则对购物满 30 元的居民提供送货上门服务。为了让小区内居住的 28 户回民吃上放心的清真食品，党组织联系定点厂家每周六到小区设摊售卖。小区居民缴公共事业费不方便，居委会就和邮局搞共建，协助邮局在小区内设立代收点，每天都有志愿者代收公共事业费。小区里有一部分孤老和残疾人常年足不出户，很想出去走走看看，在党总支的号召下，小区里的公益团队每年中秋节都会带他们参观上海的标志性景点，让他们感受上海的变化和社区大家庭的温暖。梁慧丽说：“我要感谢居民们，他们非常配合并且支持我的工作。我的荣誉很多，但它们其实属于整个团队，功劳是属于我们小区所有居民的。”

梁慧丽说：“这五年来，社区变化很大，也出现了很多新问题。比如小区停车难，说明有车的人越来越多；广场舞引发的矛盾，也是因为大家有运动需求，以前追求温饱，现在讲究生活品质，这些变化都是生活水平提高后出现的新问题，需要用新的治理智慧来解决。”

作为人民调解员，梁慧丽始终坚持原则，明法析理，主持公道。面对小区中存在的种种矛盾纠纷，梁慧丽充分听取当事人的陈述，耐心疏导，细心讲解有关法律、法规和国家政策，在当事人平等协商、互谅互让的基础上提出纠纷解决方案，帮助当事人自愿达成调解协议。

“我们这些基层党务工作者的形象，就是党在基层的形象。只有我们心里揣着居民，把居民身边的事做到位了，他们对党的感受才会更加清晰真切。社区居民有时没能直接去找政府办事，他们就找我，因为我是党员，我是社区居委书记，代表着党，老百姓找我，我就找上级领导反映，把他们想说的、想要的反映给上级，然后上级会给我回答，我再把得到的回答传递给老百姓，所以我说我们是政府的嘴、老百姓的腿，我也因此得到了老百姓和领导的双重信任。"梁慧丽说，现在要像绣花一样治理基层社区，社区工作者正是"绣娘"，如果每一个人都能追求精细化的治理，社区不仅会越来越美，也会越来越温暖。

小区居民早就形成了"有了矛盾纠纷不用愁，梁阿姨一定帮侬忙"的共识。在梁慧丽的带领下，在居民区党组织和社区居民的共同努力下，如今的莲花公寓旧貌换新颜，先后获得了"全国和谐社区建设示范社区""全国民主法治示范社区""全国五一巾帼标兵岗""上海市平安小区""上海市文明小区""上海市优秀党组织""上海市模范示范居委会"等荣誉称号。梁慧丽的真情付出得到了社区居民的认可，赢得了社会各方的赞誉。她曾入选"中国好人榜"，荣获全国优秀党务工作者、全国"最美社区人"、第四届感动上海年度人物、上海市劳动模范、上海市第五届"平安英雄"、上海市三八红旗手标兵、"上海市先进居委会主任""上海市实事工程记功奖"及"普陀区党员示范岗""普陀区三八红旗手"等荣誉称号。

采访心得

梁慧丽劳模用20多年时间，把一个没有管道煤气，没有有线电视和自来水，地理位置偏僻，缺少公共交通和商业网点，天一黑连出租车也不愿意来，野草比人还高的"烂尾小区"，变成一个草木葱茏、整洁有序、邻里和睦的"全国和谐社区建设示范社区"，这20多年的每一步，都充满着艰辛与坎坷。1996年，梁慧丽从一名国企干部转岗到街道，年纪轻轻的梁书记起初并不受当时的居民欢迎，居民们觉得来的并不是能为他们办实事的人，更有人提议将她赶出去，但她没有因此妥协，她认为，既然来到了这里，就代表了党组织和政府，就应该成为"政府的嘴，老百姓的腿"。她召开居民大会，当众许下承诺：干不好立马走人！此后，为了整个社区群众能过上便利的生活，梁书记不断通过党组织提意见，要求逐年完善莲花公寓的硬件设施。两年多后，小区的水、电、煤设施全部得到修缮，有线电视也接通了，公交车也通到小区门口，对老百姓来说，居住环境真是有了天壤之别。

小区里有许多老人，作为小区书记，梁慧丽千方百计为这些老人着想，比如老人吃饭的问题、看病的问题。小区里面建有医疗卫生站，全科医生上午看门诊，下午为社区里的老人提供家庭医生上门服务。小区里还设有老年食堂，两荤两素一汤只要十块钱，行走方便的老年居民可以到食堂里吃，行走不方便的居民只要打一个电话就有人把饭送到家里去，老人在小区的超市里购物，也有志愿者送货上门，老人们的基本生活需求都能得到很好的解决。小区的孤寡老人也比较多，梁书记每年都会亲自烧年夜饭陪他们一起过年，这个举动使老人们流下了感动的泪水，因为他们从梁书记身上感受到了久违的温暖。每次年夜饭花费两千元左右，这个费用是小区居民的自发筹款，年夜饭从开始的两三个人到后来的两大桌，唯有梁书记始终如一，一直都在。梁书记说，这也离不开家人对她的帮助和支持，正所谓没有小爱哪儿来的大爱，心中有爱才让梁书记能全心全意服务更多的人。

梁书记的另一个特点是手机 24 小时不关机，每天不管大事小事，只要是居民的事，大家都第一时间想到梁书记并且能马上联系到她，今日事今日毕，做好身边的小事也就解决了以后的许多大事，这就是梁书记的办事理念；爱岗敬业的她唯一失联的一天是查出癌症做手术的那天，术后第二天，梁书记就又打开手机，处理起了一系列的事务……

不知不觉中，访谈时间就已经过了一大半，梁书记说的这些生动的例子和生动的人物仿佛都活跃在我们面前，不管什么事都设身处地为他人着想的梁书记被小区的居民亲切地称呼为“小巷总理”，这使我懂得，一个人心中如果真正地放进了她所关心的事和人，就会想尽一切办法去克服横挡在面前的一切困难。一切付出终有回报，居民从一开始的抵触、不接受，到现在碰面时亲热的一声“阿姐”，一个个善意的笑容，一个个温暖的拥抱，都是无法用金钱衡量的。梁书记使我懂得，爱岗敬业就是不厌其烦地去做一件件看似简单却不简单的事情，并且都坚持做好。劳模就是这样一群人，他们的岗位可能很平凡，每天从事的可能也是一些普通而琐碎的工作，但就是在日复一日、年复一年的逐步积累中，不断地实践，不断地摸索，不断地改进，"劳模"的称呼其实就是对他们工作的一种肯定。

我的专业是社会工作，但在学习这个专业的过程中，我始终有许多迷茫和疑惑，看着五光十色的周遭，有时会忘记自己最初的目标。参与这个活动后，我能够面对面地接触劳模，通过和劳模的交流，我明白了，学习劳模不是光喊口号，不是做表面文章，而是学习劳模所表现出来的所有品质和精神状态，学习他们的忠诚、敬业与进取精神。在思想上，我们要牢记自身使命，加强责任感和使命感，培养甘于奉献的优秀品质；在工作中，我们要善于沟通，学会与不同的人打交道；在生活中，我们要坚持发扬艰苦奋斗、勤俭节约、尊老爱幼、乐于助人的优良传统，力争做一名优秀的大学生。

俗话说，三百六十行，行行出状元。不管做什么事情，我们都得有自己的目标、理想与抱负，并能够为此坚持不懈地付出努力，最终就会在自己的岗位中创造出不平凡的成绩！

（本感想由陈迪整理。参与采访人员：陈迪、罗展、陈臻怡、葛晓剑、杨潇、孙琛佳）

匠心筑梦

第四编

匠心独运之精益求精

追求突破　技艺改进无极限：黄景图的故事

黄景图，男，汉族，中共党员，福建漳州招商局码头维修工、中华全国总工会第十六次全国代表大会代表、福建省总工会委员、漳州市总工会兼职副主席、漳州市金牌工人。2009 年取得维修电工高级技师职称，2014 年取得国家安全注册工程师职称。2009 年获得招商局首届“国际金质荣誉勋章”，海西经济区建设首批“福建省优秀高技能人才”；2010 年在“‘工人先锋号’活动月”电气比武中获得第一名；2013 年被评为福建省劳动模范；2015 年获得漳州市践行社会主义核心价值观“基层最美职工”、漳州市“中国梦·劳动美”第二届职工技能大赛电工技能竞赛一等奖。

探寻机器生命，在绝活里找快乐

常年和机器打交道的黄景图劳模说过这样一句话："到了工厂，面对庞然大物，我的体会是要有绝对的诚意，才能接触到绝活。只要能跟机器坦诚相待，每一个绝活里面，都有无比的快乐等在那里。"

知遇"糊涂"老板

刚毕业的黄景图在恩师王教授引荐下有了第一份工作，是到厦门一家淀粉公司工作，每月工资800元。面试的考题是当场画出星三角启动的接线图。当老板接过黄景图画得工工整整的图纸后，马上说："明天你就来上班，月薪1 000元，其他的看你的表现，咱们到时再说。"黄景图心里暗自嘀咕："这个老板好糊涂，写着800元月薪，现在却说给1 000元。"心里既高兴又纳闷。上班一段时间后才知道，原来这家淀粉公司已经连续有7个电工辞职了，来了没多久就辞职，主要原因是搞不定淀粉厂设备。后来有位专家给老板支了一招："往后你招电工，只要他能画得了星三角启动接线图，你厂里设备的图纸他肯定也看得懂，只要看得懂电路图，维修就不是问题。"其实当时黄景图也只是学了些理论知识，没有实际经验，连最起码的接触器、继电器、开关、按钮都没见过。但是，喜欢挑战的他没有像前面7位一样选择辞职，而是选择留下来接受挑战。为了不辜负老师的信任和老板的知遇之恩，他用一周时间翻阅了一大柜子资料，晚上就躲在单位配电房里拆解和认识接触器、继电器、开关、按钮等元器件，不懂就打电话请教恩师王教授，或者向西门子公司提供技术支持的师傅咨询。两个星期后，黄景图完全可以独立处理那些"家伙"，心里再也不怕了。

锋芒初露，工资超厂长

有了在学校里学到的扎实的理论基础，黄景图不断将所学理论知识和实践操作相结合，准备在淀粉公司大展拳脚。半年时间里，他通过不断学习和对机器设备的深入研究，渐渐地对淀粉生产线的机器有了更加深刻的认识。同时，他认为，这条生产线虽然是当时全国淀粉行业里最先进的生产线，但还可以有更好的改进，于是潜心研究改进生产线的办法。功夫不负有心人，他先后成功改造了两条变频控制的淀粉生产线。目前，由黄景图独自改造的淀粉生产线还在为淀粉厂老板赚着钱。所以，老板给他的工资又翻了两倍，高于厂长的工资。这在当地一下子传开了。也正是这位看起来很“糊涂”的老板的肯定和激励，让黄景图对研究机器设备越来越有兴趣。

视设备如亲生，找到人生快乐之源

在与机器的长期交流中，黄景图感到，要想更好地了解设备，还要进一步学习与提高，因为他只懂得模拟电路而对数字电路一窍不通。于是，在淀粉公司工作期间，他报考了福州大学机电一体化专业自学考试，一边学理论一边工作。除了英语外，专业课程也提高很快。通过深入、系统的学习，他了解了机电一体化基本理论知识，尤其是数字电路方面的内容，这使黄景图工作起来如虎添翼，有了质的飞跃。

进一步的学习使他的专业视野完全被打开，工作表现出色，因此被推荐到招商局码头工作。码头上那些各时期进口的庞然大物，像一堆堆世界难题在那里等着他。黄景图充满期待，这给勤于工作、勇于接受挑战的他带来回味无穷的快乐享受。他太太有次问他：“如果每天都给你这些难题让你解决，不给你工资，你干不干?”黄景图回答：“我干，为什么不干?”他就是这么个乐于跟机器打交道的“一根筋”，因为他知道，高兴不需要理由。喜爱并欣赏你的劳动，无论你从事什么样的工作，对所从事的工作心怀感恩，你就会以愉悦的心情投入工作，成功就会随之而来，回报你的财富也会随之增加。

他说："每当我修好一台设备，我就会像欣赏自己刚出生的孩子一样，左看看右看看，看着它们能在我手底下恢复，正常欢快地运行，那种滋味不是金钱能买得来的，那种感觉简直太美妙了！这就是我热衷于维修的原因。我能切切实实地在维修中获得满足和快乐，确认自己存在的社会价值。"

追寻突破，精益求精，
在技术创新中体验快乐

2000 年，正是变频器被逐步应用于工控领域的时候。变频器虽然价格昂贵，但是具有独特的调速功能和保护功能，逐渐得到投资者的青睐，比较有实力的老板都愿意进行变频改造，而且在较短时间内就可收回成本。招商局码头负责人也非常乐意进行变频器试点改造。经黄景图改造后，物理变性的辊筒生产线使用"一拖八"方式，也就是一台 37 kW 三肯变频器拖动八台 3 kW 辊筒滑差电机，而每台辊筒又可以根据自身生产进度使用原来的调速器实现二次调速，工作效率大大提升。更没想到的是，改造后整条线电流减少了 35%，厂里每月电费也因此减少了 6 000 元左右。事实证明，变频改造是成功的，成效是显著的，不但在实际生产操作方面方便实用，而且减少了因辊筒电机全速运行带来的能源浪费，为单位节省了能源成本。

第一批试点的改造成功在国内引起很大反响。烟台有名的淀粉设备生产厂家也来请黄景图对设备进行技术改造。按当时预算，一条线的新型变频控制的电控系统报价是 48 万，黄景图通过核算发现，硬件价格应该不出 13 万就能够实现，于是当时想都没想就自己承揽了下来。

四个月后，机器试产成功，而且还有两大重要突破：一是可以在不影响产品质量的前提下随意调节产量，能耗随之变动，实现成本最低；二是生产线可以满足多系列的变性生产条件，一改原有的产品单一化。

第一次应用新技术、新科技大胆改革创新，让黄景图体验到新的快乐，

也是他快速进入工控行业一次非常重要的机遇。

勤于钻研、不断进取，
终成工控行业技术先锋

黄景图说："我始终认为兴趣是最好的老师，知识是钻研出来的。只要对机械维修保持浓厚的兴趣，就会情不自禁地钻研它、弄明白它。"

2006年，黄景图独自完成招银港区6号泊位战备码头双缸吊桥液压系统同步控制技术改造，并增加了遥控装置，使战备吊桥手自两用方便实在。2008年，由于码头公司租用的场桥设备是早期从芬兰进口的产品，内部控制的电子元器件经常出现故障，且产品大多已停产，采购困难，更换价格昂贵，加上公司生产紧张，解决设备故障问题迫在眉睫。黄景图加班加点设计图纸、选购配件，经过反复试验调试，成功地用万能板自行设计制造了6块电路板，替代损坏的电路板，性能非常稳定，还为公司节省了9万多元维修费用。

同年，招银港区国检部门的一台放射性检测仪出了故障。这台设备是从法国进口的，国内罕见。厂家驻北京的总代理派技术员来了两趟也查不出症结所在。厂家表示唯一的办法只能是送到法国总部进行维修。但是，将整台机器拆下来，别说费用惊人了，来回都得折腾很长时间，生产耽搁不起。

黄景图"临危受命"。因为仪器怕紫外线，他就在晚上加班维修。仪器里的器件大都从未见过，而且还没有详细的技术资料，只有一小本英文说明书。尽管有点茫然，但他并没有气馁。接下来的几个晚上，一下班，随便扒拉几口饭，就赶过去闷头围着机器转。一日三餐都是嘴里嚼着饭，心思还落在机器维修上，单是查阅资料就花了好几天时间。在对整个电路的设计理念和流程有了清晰的了解后，黄景图发现这套设备虽然在技术上比较先进，但在设计上并不十分合理。最后，黄景图经过巧妙处理，对机器进行了修复、改进，使检测仪的使用功能更加高效合理，换上新的配件后，检测仪重新发出美妙和谐的声响，任务圆满完成了，他紧锁的眉头也终于舒展开来。根

据统计，仅此一项就节省了21万余元的维修成本。

2011年5月，黄景图自制骨架和绕制线圈，用于改造轮胎吊主接触器，彻底解决了主接触器屡被烧毁的故障难题。2011年6月，通过小革新，对集装箱空叉倒车控制手柄进行改造，以一元的打火机成本直接创利三千元。2012年4月，为使码头6台老场桥顺利通过质量验收，黄景图顾不上回家，用一个多星期时间，每天坚持到凌晨一两点，用不到2万元的成本，改造了13块电路板和两个特殊模块，不仅救活了设备，也为公司节省资金近90万元。

自2013年以来，他带领"黄景图劳模创新工作室"，立足港口码头，大胆创新，围绕提高企业经济效益、改善环境和促进安全生产，在工艺创新、技术创新、商务模式创新、管理创新方面取得了重大突破，实现了各类技术创新70余项，如船舶漂移自动报警装置设计、原木工艺创新、场桥油改电工程、BTOS系统设计思想、拖车网上办单费、供应商增值服务等，创造出的经济效益更是无法估量。

采访心得

（一）

从一名普通维修工成长为主修工，从水电工成长为机修工，再到高级技师、注册安全工程师，成为全省范围内一名响当当的"金牌蓝领"，更被誉为"机械医师"；从2010年获得漳州区"工人先锋号"技术比武第一名，到2012年被评选为"福建省优秀高技能人才"，再到2013年荣获"福建省劳动模范"称号，2013年更是成立了黄景图劳模创新工作室。这些不俗的成绩，对一个一开始仅有高中文凭的人来说是最大的褒奖和鼓舞，也见证了黄老师一路走来的不懈努力和辛勤付出。

任何人都是一颗种子，只要深深扎根在适合自己的土壤中，即使被压在石头下，也能不断吸收阳光雨露，也一定能发芽萌动。高中毕业后，黄老师一开始去工厂从事电子电器维修，在一次机缘巧合下结识了华侨大学机电系王少雄教授，在王教授的帮助下，黄景图旁听了机电系所有的专业课，这也让他重新找到了前进的方向。2003年，黄老师到漳州招商局码头工作，在工作的同时取得了自动化控制专业大专文凭。学习过程中，黄老师总是积极参与实践，在课后主动帮助老师修理机器，而不是抱怨说“为什么又要我去修”，这一点一滴的理论积累加上日复一日的实践操作，使他无形中学到了很多东西，真正体现了习总书记说的“求真学问，练真本领”。

“做设备最好的朋友”是黄景图的名言。黄景图说，只有和设备坦诚相见，才能修好设备，找到解决问题的办法。2008年，公司从法国进口的放射性检测仪坏了，公司请来厂方代表检查，答复是或者重新进口，或者将检测仪寄到法国维修，这一来一回将耗费两个月的时间和20多万元，更重要的是，维修期间许多活儿也就没法进行了。黄老师二话不说接下重任，由于外国公司没有提供设备图纸，维修难度非常大。黄老师就这样一头扎进现场，埋头苦干一星期，用了不到2 000元，最终修好了检测仪；2012年，为使码头6台老场桥顺利通过质量验收，黄老师一干就到凌晨一两点，用一个多星期，修复了13块电路板和两个特殊模块，节省资金近90万元。这些年，黄老师通过对设备的维修、改造，为公司省下数百万元经费。而这样不分昼夜的维修工作对黄老师来说是家常便饭，大家都夸赞他聪明、心灵手巧，但黄老师始终低调谦虚，说能走到今天是因为从小母亲就教导他“有手工，吃不空”，意思就是只要有一身技能，一辈子都不愁吃喝。这是多么朴实的一句话，也在黄老师的心中刻下了深深的印记：兢兢业业，脚踏实地地工作，靠自己的劳动养活自己。

黄景图劳模创新工作室的墙上挂着一幅由剪纸大师高少萍为他剪的画像，画中的黄老师戴着一顶安全帽，身着工作服，身后是工作的一线港口，画面中，黄老师微笑着竖着大拇指，让人感觉到了劳动者的美丽。正如习近平总书记所强调的：“劳动最光荣，劳动最崇高，劳动最伟大，劳动最美丽。全社会都应该尊敬劳动模范、弘扬劳模精神，让诚实劳动、勤勉工作蔚然成风。”我们当代大学生在如此好的环境下成长起来，更要明白精进自己专业的重要性，要学会“干一行、爱一行、钻一行、精一行”，向劳模黄景图学习，爱岗敬业、敢为人先；更要继承好劳模脚踏实地、为人诚实的优秀品质，在未来的道路上开创属于自己的新时代！

（二）

黄老师见到我们非常热情，没有一点架子，稍作安排后就带我们参观了他每天都要待很长时间的工作间。黄老师工作的地方距离地面10多米，这么热的夏天，顶着烈日，工作的艰苦可想而知。

黄景图老师说，面对每一次工程，他都要保证在工作期限内把事情做好，不愿意拖延。少吃一顿饭、少睡一次觉都是常有的事情，别人一个月做成的事，他让自己三天做到；别人花几十万元做成的事，他让自己花几块钱做得更好；别人几年没有解决好的难题，他花一个晚上，用一张新的电路图，使企业的设备功能刷新一次。正如媒体所报道的那样："在探索机械生命的每一步，他用智慧、意志、诚恳，见证能量，触摸奇迹！"这也就是我们眼中的黄景图老师，这个时代工匠精神的传颂者。

黄老师说，在他的成长道路上有三个因素激励着他不断前行。首先是将他领进门的老师，老师作为引路人，使他从一个旁听生变为一名"机械医师"。再就是企业，企业为有技术的工人提供了展现自己才华的平台，也是一个理论和实践相结合的最佳场所。最后是他的团队，他的成功也离不开同事们付出的努力，有同事们作为后盾，他才更有力量。

黄老师对于工作的想法也很简单，就是把理想和事业相结合，享受劳动的快乐。维修机器是他所学习到的，也是他所喜爱的。他把工作视作自己的"第二个孩子"，在工作中的获得感和成就感，使他感到自己"既富有，又快乐"。

黄景图老师说，顺其自然，适合自己的才是最好的。黄老师为当代大学生提出了两点要求：立本和学习。立本就是立鸿鹄之志，要立正确的本，选择适合自己的道路，立本可以决定一个人的高度；学习就是学无止境，要学真本领、真技术，要有自己的思维，不能人云亦云。同时还要怀有一颗感恩的心，时刻保持着感恩，能给予的尽可能给予。如果付出没有成果，就要从自身找原因。一个人是否幸福，取决于自己是否想好这辈子要什么，只有先把自己放空，才能储备自己。

黄景图老师有着顽强的意志，新时代的大学生要以他为榜样，立本、立志，学习真本领、真知识，有自己的思维和想法，积极思考，认真学习。

（本感想由陈迪、杨潇整理。参与访谈人员：陈迪、杨潇、何玫、邱明珏、潘吉琪、周家俊、应倩、李婷婷、陈臻怡、虞静仪）

追求境界　品质提升无止境：王军的故事

王军，男，汉族，1966年出生，宝钢技校毕业，同济大学机械设计制造及自动化专升本，钳工高级技师，宝山钢铁股份有限公司技能专家，宝钢人才开发院兼职教授，上海市劳模讲师团成员，上海大学、上海城建职业学院特聘教授，主持国家级技能大师工作室，享受国务院政府特殊津贴，2017年中国申办2021年世界技能大赛申办形象大使。

始终扎根生产一线的王军，凭借其精湛技艺和不懈努力，从一名普通工人成长为我国热轧轧机装备研制及维护领域知名的专家型技能人才。在一线岗位，他像科学家那样钻研和执着，攻克了层流冷却关键设备技术、液压系统核心备件高压柱塞泵技术和超高强钢矫直机支承辊技术等热轧领域三大世界级行业难题，彻底改变了以往此类核心装置长期依赖进口的局面，实现了由空白到国际领先水平的跨越式提升，为企业发展、行业进步做出了突出贡献。

立志钢铁报国，学海无涯
成就创新型技能专家

岗位是王军的事业，宝钢是王军的大学。德国制造在可靠性方面的要求，美国制造在技术创新方面的投入，以及日本制造在精益生产方面的努力，都是王军如饥似渴汲取营养的肥沃土壤，学海无涯的专注、钢铁报国的使命成就了这位创新型技能专家。

技校毕业的王军用 8 年业余时间完成了本科系统学习和高级技师培训，这让他获得了解决问题的思维方式和技术措施，拥有了创新能力和岗位技能持续提升的资本，经过不断努力，他逐步成长为拥有 8 项岗位证书的轧钢精整工艺技师、钳工高级技师和创新型技能专家。

王军获得国家科技进步二等奖的“高强度全密封精整矫直机支承辊技术”起源于热轧 2 050 毫米生产线的一个国产化科研攻关项目。当时，由于剪切线矫直机支承辊的密封性不够好，每次更换支承辊或添加油脂后，都会形成油污板，导致产品被降级处理，造成较大的经济损失。王军在原有国产化攻关成果的基础上，根据不同板线装置的不同需求，结合生产条件的变更情况，对该技术进行了一系列科研攻关，成功开发了矫直机支承辊系列技术，攻克了影响板材质量的行业性难题。他用一串扎扎实实的数字诠释了当代工人的价值——共获 5 项先进操作法命名、36 项技术秘密认定、186 项国家专利和 8 项 PCT 国际专利授权。

不断迎接挑战解疑难，勇往直前
成就技术型领军人才

谈起对“工匠精神”的理解，王军说，工作岗位不仅仅是用来养家糊口的，更是每个人成长的舞台和创新的平台。如果明白这一点，任何岗位上的人都能成长。在持续的岗位创新优化过程中，自身的学习和创造力都会得到大幅度提升，只有这样做，才能成为“工匠”。

王军认为，从个人角度来讲，要对自己有更高的要求，对自己要“狠”，不断对自己加压。要成为“工匠”，不能靠喊，要有真材实料才行，还要刻苦地学习、锻炼和磨炼。王军认为，“工匠精神”还包括持续性，把很枯燥的工作当成一种乐趣去做，变成一种追求去做，有责任感和使命感，充满喜欢与热爱。

匠人精神的核心在于专注和极致，专注就是要将产品做到极致。在很多人眼里冷冰冰的机器设备，在王军眼里就变得有血有肉、有感情。中国制造要成为中国创造，要靠每个人一点点的改变，进而形成递增效应。

“像科学家一样做工人”是王军的座右铭，也是他给自己订立的人生信条。而要像科学家一样工作，就要勤于学习和善于思考，最根本的就是创新。热轧层流冷却均匀装备技术是王军十多年来持续开展的三大创新攻关项目之一，热连轧宽度、方向、温度与组织性能均匀的问题近年来备受同行关注，20 世纪 80 年代德国和日本就开始研究，一直是热轧层流领域的世界难题。

王军的热轧带钢柱塞式层流冷却系统研发始于 2005 年。针对热轧层流区域高温多水环境，王军创造性地提出内置宽度遮挡控制设想，经过十年倾心研究和四代技术升级研发，设计完成并成功应用于热轧 2 050 毫米生产线的冷却系统成果取得 28 项中国专利、6 项 PCT 国际专利授权、2 项软件著作权，获省部级科技进步二等奖 1 项、国家发明金奖 2 项、国际发明金奖 1 项，多项原始设计成果在设计原理、节能和系统稳定性等技术指标方面较国外

现有的同类技术有明显的领先优势，达到国际领先水平，填补了国内重大装备成套技术的空白，该项发明使部分品种钢成材率提高0.8%，7年直接效益达51 446万元，以热轧2 050毫米生产线500万吨一年计算，每年可节约两潭西湖水，多创造出4万吨精品钢材！

王军是勤奋劳动和创新劳动的杰出代表，他的创新团队也成绩斐然，2013年创新直接效益29 939万元，2014年创新直接效益29 245万元，2015年创新直接效益26 413万元。

名师带徒传技艺，追求境界
成就知识型“工人教授”

如何用自己微薄的力量去影响更多人，让他们也走上学习创新和岗位成才的道路？王军立足现场，积极开展创新入门培训、创新大篷车、创新指导活动日和创新结对等活动，形成创新工作室、发明创造协会、创新小组、全厂群众合理化建议和自主管理的四层次群众性创新工作机制和平台。王军兼任热轧厂职工发明创造协会会长达16年，培育出5名宝钢工人发明家，带领创新团队共申报国家专利超过800项，囊括国内外各类创新成果奖87项，近5年创直接经济效益超过13亿元。

作为具有强大创新创造能力和社会影响力的高技能专家和著名工人发明家，王军被聘为宝钢人才开发院兼职教授，编写培训教材近15万字，每年承担技师、创新骨干、宝钢青苹果和宝钢OTM培训班等培训任务40余次，累计培训人数超过1.7万人。同时，他担任9家创新工作室导师，一批创新工作室在他的带领下成长为宝钢骨干创新工作室，被授予“宝钢创新基地创新活动优秀指导志愿者、优秀兼职教授”等荣誉。

作为新时期工作在钢铁行业一线的高技能人才代表，王军拥有坚定的理想信念，精益求精的工匠精神和敢为人先、勇于创新的激情和热情，以高度的使命感、责任感扎根生产一线，以领跑世界现代热连轧装备为己任，为中国绿色热轧装备研制踏上新征程书写了浓墨重彩的篇章。

采访心得

（一）

王军是一个普通的蓝领工人，但也是全国劳动模范，并在2007年和2016年两次获得国家科技进步奖。之前，我总认为创新离我很远，创新是科学家才会接触的东西，但是经过王军老师的分享，我懂得了，就算只是普通岗位上的一线工人，只要有创新意识和奉献精神，都可以有一番作为。一线工人拥有丰富的实践经验，王军老师说，是宝钢的创新氛围给他提供了很多机会，也给了像他一样的一线工人很多机会，是这样的创新氛围激励了他们不断追求、不断提升。

“像科学家一样做工人”是王军的座右铭，也是他给自己订立的人生信条。而要像科学家一样工作，就要勤于学习和思考，最根本的就是不断地追求。王军是个不折不扣的创新奇才，只要在生产线上发现设备的缺陷，他总能很快找到创新点，找到解决问题的方法。正是因为他的这种创新意识，他获得了国家发明金奖14项、国际发明金奖6项，2007年度和2016年度两次荣获国家科技进步二等奖等荣誉。

在与王军劳模近距离交谈的过程中，我能从他的眼神中看到他对宝钢工作的自信和热爱，从他的言语中听到他对创新的坚持。他完美地秉承了邓小平所说的“掌握新技术，要善于学习，更要善于创新”。他说：“问题点就是改进点，改进点就是创新点，创新点就是价值。”他就是用他的不懈追求和不断创新，为企业创造了巨大的价值。

当代大学生该如何去创造价值呢？对此，王军老师提出了四点要求：首先应该有担当；其次，要有使命感；再次，要有危机感；最后，还要有奉献精神。有了这四样东西，就不用担心自己未来的生存，也就能够创造价值。一个人的能力是在奉献的过程中建立的。王军老师还说：“在个人的事业中增长才干，在集体的事业中奉献价值。”“奉献精神”是一种爱，是对自己事业的不求回报的爱和全身心的付出。对个人而言，就是要在这份爱的召唤之下，把本职工作当成一项事业来热爱和完成，从点点滴滴中寻找乐趣；努力做好每一件事，认真善待每一个人。我们现在的美好生活，都是前辈们不计得失、全力奉献而得来的。我们不能安于现状，而要全力奉献自己，创造一个更加美好的生活。有了这种精神，年轻的大学生就可以找到展现自我的舞台，在中华民族的伟大复兴中贡献自己的力量。

在王军老师看来，技术没有最好，只有更好。这也许就是他一直坚持不懈进行创新的动力源泉。是啊！技术的进步是永无止境的，我们每个人的潜力也是无限的，王军老师能从普通的工人成长为技术专家，并不是偶然的，我们如果能够学习王军老师那种刻苦钻研、精益求精的精神，一定也能实现自我超越，找到属于自己的人生价值，在平凡的岗位上创造出不平凡的业绩。

（二）

劳模是工人阶级的优秀代表，是时代的领跑者。劳模精神折射出一个时代的人文精神，反映出一个民族在某一个时代的人生价值和思想道德取向。王军劳模在谈话中也一直提及宝钢的文化，即“严格苛求的精神、学习创新的道路、争创一流的目标”和以“诚信、协同”为核心的价值观。

王军劳模是从一名极其普通的岗位辅助工成长为技能专家和劳动模范的。在他不断追求、不断提升的人生道路上，他获得过很多荣誉和奖项。而在众多奖项中，两次荣获国家科技进步二等奖最令他难忘。这个奖项使王军劳模建立了自信心，让他真正理解了什么是技术工人，什么是蓝领工人。王军劳模说：“新时代的产业工人应该是技术工人，应该懂理论、会创造，不仅仅是出卖自己的体力，而且要真正地为行业和产业的技术进步、为国家的富强去创造有价值、高品质的产品，为国家参与世界竞争研发更强的技术。”获得科技进步奖使他深深地体会到，新时代的产业工人可以和科技走得更近，成为复合型人才。新时代的工人如果懂得理论就可以成为科学家，科学家也可以直接在生产一线搞实践，搞研究，搞优化，为企业、国家创造更大的价值。

王军劳模不断鼓励宝钢人创新，鼓励大家做有价值的事情，在技术上实现跨越。他说，要做到这些就必须不断学习，在岗位上不断优化并且持续性地发展，不断提升自我的价值。访谈中，劳模王军略有感慨地说道："成为劳模的道路上有很多人鼓励了我，其中当然也有宝钢文化的熏陶。居安思危，要有理想使命感和危机感，才会有坚持下去的动力和担当。"正是因为有这种感慨和思想，所以才会在"西气东输"项目中为国家建设节约大量的资金，实现现代化技术引领，不断拓展新产品。他还说，在工作中要建立技术自信，注重技术的积累，不管是谁，都可以去创新，都可以去慢慢挑战世界难题。此外，新时代的大学生应该要有奉献精神，要在个人事业中增长才干，在集体事业中奉献自我。

王军劳模常说"知其然，更要知其所以然"，相信大家都知道其中含义：既要知道它是这样的，更要知道它为什么是这样的；既要知道事物的表面现象，也要知道事物的本质及其产生的原因。王军劳模说："当代大学生要热爱自己的专业，这样才会有探索性，探索式学习能让我们学好、学精。"同时，他也希望当代大学生珍惜现在学习的机会，不能只为拿文凭去学习，要学习好先进文化，把学习作为提升自身能力的方式，热爱自己的专业，积极探索，成为专业化的小能手、创造创新的新力量。

王军劳模告诉我们，当代大学生要全面学习，使自身能力得到不断发展，形成自己的学习风格、技术风格；同时要有严格苛求的精神、扎实的工作学习态度，以探索性方式学习，只有这样，才会有更好的人生。

（本感想由陈迪、杨潇整理。参与访谈人员：陈迪、杨潇、何玫、邱明珏、潘吉琪、周家俊、应倩、李婷婷、陈臻怡、虞静仪）

追求卓越　自我超越无边际：高少萍的故事

高少萍，女，汉族，1969年12月出生。中国剪纸协会副秘书长，福建省剪纸协会副主席，福建省人大代表，第十一次全国妇代会代表，福建省非物质文化遗产杰出传承人，福建省工艺美术大师、全国五一劳动奖章获得者，当代剪纸艺术家，荣获“中国剪坛十把金剪刀”、福建省三八红旗手等荣誉称号，原创作品曾多次获得各级政府所颁发的金奖、银奖。

高少萍作为传播中国文化的使者，从1999年开始走出国门，多次出国表演，先后前往俄罗斯、印度尼西亚、泰国、德国、荷兰、比利时、卢森堡、法国、澳大利亚等国开展艺术交流活动，有上万幅剪纸作品赠送或销往海内外，不少作品被国家、省级美术馆和个人珍藏，在海内外媒体发表有关新闻、通讯、专题、图片等1 000多篇（幅）。

因好奇和兴趣爱上剪纸

高少萍七八岁时开始学剪纸，当时和她住在同一个四合院里的黄素奶奶是她的恩师。每次放学回来看见黄素奶奶在剪纸，她就会蹲在旁边，一边看奶奶剪纸，一边听奶奶讲剪纸作品里面的故事。小小的剪纸竟然包含这么多有趣的故事，使得高少萍渐渐对剪纸充满兴趣，开始接触并爱上了它。

说到启蒙，高少萍说对她影响至深的还有一位恩师——林桃老师，林桃老师的剪纸技艺超凡脱俗，曾被誉为“中国民间剪纸艺术的毕加索”。而长辈们发明的剪纸技巧——排剪（北方叫锯齿纹、打毛毛），能将纸剪得像头发丝那样细，表现花的花瓣、动物的羽毛等传统题材最为生动，也让高少萍感到神奇。

两位民间剪纸艺术家源源不断的创作、高尚的人格魅力和对生活的热爱深深地感染和影响着高少萍。高少萍说：“我随身携带剪刀，走到哪，传播到哪，互动到哪，到部队，到企业，到单位进行剪纸互动，得到了广大官兵、群众的喜爱和赞扬。”

深入生活，只为剪出最好的作品

小时候的喜欢，一如既往的坚持，使得高少萍对剪纸的爱愈加浓郁深厚。为了传播剪纸文化，让更多的人爱上剪纸，她每年都会在当地的中小学校举办义务剪纸教学活动。为了有更好的效果，她还撰写了图文并茂的教材，让剪纸爱好者有了很好的学习材料，也使这项技艺得以传承。

为了创作出反映人民致富奔小康的好作品，高少萍还经常深入农村，一待就是好多天，尽全力收集民间艺术素材。因此，高少萍的剪纸作品风格多样，题材广泛，深入人心，魅力四射。她的作品就像可以装进各种容器的水，不单有花鸟虫兽、古典人物、传统图案，还有现代人物、重大题材、民族风情、神话故事等。

孜孜以求、追求卓越，独特的剪纸艺术风格使她成为大国工匠

漳浦剪纸艺术源远流长，早在唐宋时期就非常活跃，据《漳浦县志》载："元夕自初十放灯至十六夜，乃祀神祠家庙，或用鳌山运傀儡张灯烛，剪彩为花，备极工巧。"

最早的剪纸只有手掌心那么大，只有花鸟鱼虫、祭祀祭品、民间传说等图案。然而到了高少萍手中，漳浦的剪纸艺术就有了不断的创新和突破。

一是大幅作品的创新。1999 年上海桂花节，高少萍的《九龙戏珠》(1.5 米×0.8 米)、《松风鹤舞》(1.5 米×0.8 米)等作品轰动整个剪纸界，被主委会隆重收藏。现在有的作品大到 6.8 米，甚至有长达十多米的作品如《清明上河图》，十年前中央电视台新闻频道就有过报道。

二是刀剪结合技法的创新。以前的剪纸作品都是纯剪刀剪的，现在结合刻刀就能解决高楼大厦的笔直和现代题材的流畅度等问题，使整幅作品的创作效率提高 2～3 倍。

三是表现主题的创新。以前的剪纸作品大都局限于传统的花鸟鱼虫和民间传说等；而现在的表现主题更加多样并着重突出时代主题，与时俱进，不断推陈出新，各类节日、国家大事、历史伟人、改革开放的辉煌成果等都是其创作的内容。此类作品的构思与造型、场景的布局与表现无不让观赏者惊叹。如《回归》《辉煌的历史》《世纪伟人》《百年奥运　梦圆中华》《胜利的

征途》《大美中国》《劳动者之歌》等作品，充分展现了高超的创意和精湛的艺术水准。

四是表现手法的创新。在继承传统的基础上不断创新，融入现代理念和时尚元素，使古老的民间剪纸艺术焕发出青春与活力，这也是高少萍始终追求的目标。时尚能带给人们一份愉悦的心情，一份优雅、纯粹，赋予人们不同的气质和神韵，亦能体现不凡的内涵和品位，展露个性。高少萍剪纸的时尚元素根植在普通百姓的生活中，用剪刀表现人们在一定的社会时期内所崇尚的理想和目标追求。材料上，她大胆试验，勇于探索，在创作中使用泡沫板、贴板、激光纸、户外广告纸等现代材料；技法上，融剪、刻、贴、画为一体，增强了剪纸艺术的视觉冲击力和造型层次感，使作品的艺术效果更具现代感。如《真的好想你》《沐浴》《榕树下》等作品，画面特别鲜活，欣赏之余令人兴奋不已。

再就是刀剪结合、阴阳互补特色技法的形成，以及将版画的木刻特色融入剪纸作品的突破。以前，受技术限制，以阳剪为主、阴剪为辅的传统漳浦剪纸对人物形象的刻画效果不佳。经过多次尝试，高少萍终于找到了最佳解决方案——将版画的木刻特色融入进去，开创了独特的“刀剪结合、阴阳互补”的剪纸工艺，使作品既具有南方剪纸玲珑剔透、纤细秀丽的风格，又具有北方剪纸纯朴、浑厚、豪放、粗犷的特点。创作实践中，高少萍也借鉴了其他艺术门类的形式和特点，如版画的“刻”感造型、装饰画的唯美、漫画的夸张、歌词里的人文情怀等，全部吸纳，为己所用，这种融合与巧妙的移用丰富和提升了剪纸艺术的表现力和感染力。

时至今日，高少萍已在福建、江苏、内蒙古、陕西、辽宁、台湾、澳门以及澳大利亚墨尔本等地的美术馆、博物馆、艺术馆举办个人剪纸艺术展。

业内同行都说高少萍是民间剪纸的“高产妇”，隔三岔五便有新作、力作问世。她的作品题材形式多样，内容丰富，艺术风格和技法师承黄素的秀丽、柔美、雅致、端庄之遗韵，《仕女图系列》《春天里》《四大美女》《花鸟鱼虫》《四君子》《五福图》《奶奶系列》《中华民族礼仪》等，线条纤细流畅、构图精神饱满，无可挑剔。在继承传统的基础上锐意创新，每一幅作品都赋予美好的艺术灵魂，“心中有爱，剪下有情”。

剪唱结合、文化自信，让剪纸艺术走出国门大放异彩

十年前，高少萍的《青花瓷》系列作品由漳州市政府推荐、福建省政府审批，最后由外交部选为外交礼品，有幸把民间剪纸搬上世界舞台，实现了“剪纸外交”。高少萍认为，民间非遗传承人应有文化自信，有突破，才能有新发展！

2015 年 10 月 24 日，不丹国使团第 8 次来中国进行第 27 轮边界谈判，始终无果，返程途经漳州从厦门机场回国。外交部、福建省委省政府非常重视，选派高少萍参加接待任务。午宴时，高少萍巧妙地将民间剪纸与舞台艺术相结合，在一曲优美动听的《剪梦》乐曲后，剪出精美的吉祥如意丝绸围巾敬献给使团团长，同时把七幅精美剪纸作品一一送给使团成员。短暂的交流既让不丹朋友们得到剪唱结合的艺术享受，更让他们对中国民间剪纸文化感到由衷的敬佩，艺术的魅力感染了使团。最后，在这种愉悦的氛围下，把分歧变成共识，促成“中不边界”外交条约的达成。这是高少萍最得意的创作突破。

对作品持之以恒地精剪细琢、精益求精，追求完美与极致，成就了高少萍的今天；对生活的热爱，以专注、敬业、细致、严谨为终身职业操守和价值追求，使高少萍的作品有了更好的表现力。

重返校园再提升，进入中国劳动关系学院再造辉煌

时代机遇固然重要，但还是要以个人品质作为基础，方能越走越远。高少萍对个人品质的不断追求，最终使她得到更多的荣誉，受到更多人士的认可，也从此让她的剪纸艺术道路越走越宽阔。

2017年，福建省总工会领导为了让高少萍能更好地发展和传承剪纸艺术，推荐高少萍到中国劳动关系学院读书，这也圆了她的大学梦。高少萍满怀着希望和梦想，带着对大学生活的憧憬和向往，来到中国劳动关系学院。

从劳模到大学生，高少萍在转换角色过程中面临着很大的挑战。如：生活方式上的不适应，在家生活起居有人照顾，可以一心搞剪纸创作，而大学的集体生活以及学校餐饮，都让她感到难以适应；还有，从原来的工作状态转为主动学习专业知识，也有些不适应，再加上原来文化基础比较薄弱，所以更加感觉学习吃力；再加上远离家乡，对年迈的双亲和公婆的思念与日俱增……

然而这些困难都没能难倒高少萍，在中国劳动关系学院学习了一年多，高少萍感觉自己的视野拓展了，知识面扩大了，也认识了来自全国各地的劳模同学，从他们身上学到很多东西……

在中国劳动关系学院学习期间，通过老师们的传道、授业、解惑，高少萍的专业水平进一步提升，养成了自觉读书和自主学习的习惯，还学会了用发展的眼光看待人和事，用辩证的思维辨认是与非。学院开设的"劳模大讲堂""大国工匠进校园"等活动，让高少萍有机会、有平台来展示自己，让民间剪纸走进高校，同时也让在校的学生们了解她的工作经历和人生体会；青年大学生们朝气蓬勃、奋发进取的精神深深感染了高少萍，给她的艺术创作注入强劲的活力。

采访心得

（一）

如何证明"兴趣是最好的老师"？剪纸艺术大师高少萍就为这句话作了最为生动的诠释。高少萍小时与黄素奶奶同住在一个院子里，老人总是会用剪纸的方式来表达很多事情。从白素贞、林黛玉到穆桂英，就是在那时，从奶奶的剪纸形象中，高少萍知道了许多民间传说、爱情故事、历史典故，年幼的高少萍被深深迷住了，自然而然地对剪纸艺术产生了极大的兴趣。

高少萍老师的父亲是漳浦县文化馆的专职美术干部，漳浦剪纸艺术的挖掘、抢救、研究和发展是她父亲一直关心和从事的工作，这项工作一做就是几十年。高少萍成长期间，经常在假期参加父亲举办的美术、书法、剪纸培训班，培训班上，父亲会把全县的老艺术家集中在一起剪纸。高少萍老师回忆道，“尽管我总是上蹿下跳，但多多少少打下了一点美术基础”，哪怕一开始从事的是其他工作，也会将剪纸元素融入进去，最后因为心中的热爱，慢慢地专职从事民间剪纸艺术。

现代社会不断发展和进步，使传统文化受到侵蚀，在这样的环境下，剪纸艺术只有在追根溯源的过程中加入创新的手法，才能彰显出自身的价值和意义。在传承剪纸艺术这条路上，高少萍老师从未停歇，她一步一个脚印踏实努力地前行。为了将剪纸艺术更好地传承下去，高少萍老师举办过上百次展演，好评如潮；并且她还热心地为喜欢剪纸的人们传授剪纸技艺，教她们如何剪出灵动美丽的剪纸，使剪纸艺术发扬光大。在中小学课堂上，她手把手教小朋友们剪纸，每个人都聚精会神，十分专注。在对外演出时，她把民间剪纸搬上舞台，打破以往呆板的表演形态，用边唱边剪或边跳边剪的形式，让台下的观众在享受美的同时又能感受到剪纸的魅力。

高少萍老师虽然在剪纸领域早有盛名，但她仍不断地钻研和学习，她对待自己的每一个作品都是“高标准，严要求”，一点点的瑕疵，哪怕别人看不出来，她也会全部推翻，从头再来，就是这样精益求精的追求使她的技艺不断提升，从“刀剪结合”到内容创新，从“中国十把金剪刀”到 2016 年荣获“全国五一劳动奖章”，高少萍老师先后获全国大奖百余次，成为福建省工艺美术大师，用实际行动说明“小剪刀也能剪出大梦想”。

2018 年 4 月 10 日，高少萍老师所在的中国劳动关系学院劳模本科班的各地学员们聚在一起，聊着聊着就想给总书记写一封信，感谢党和国家让劳模群体有更多机会接受高等教育，表达建功立业的决心和信心。4 月 17 日，这封信送到了北京的信访部门。“总书记会给我们回信吗？”全班学员都在心里默默地期待着。真没想到，4 月 30 日，即“五一”国际劳动节前一天，劳模班同学就收到了习总书记的回信。信中，习总书记向他们并向全国所有劳动模范、向全国广大劳动者致以节日的问候。那时正值五一放假，已经回到福建的高少萍老师知道了这个消息后，立即坐车回到了学校，同班级成员一起感受这个激动人心的时刻。

正如习总书记在回信中所说："社会主义是干出来的，新时代也是干出来的。"高少萍老师也是一直践行着这句话，她说："奋斗赢得幸福来，越奋斗越幸福！"

当代大学生的物质生活比老一辈人好得多，但是在精神上，需要向劳模们学习的还有很多很多，劳模身上的认真执着和真诚待人的精神和品质都激励着我们争做新时代的开创者和奋斗者！

（二）

高少萍老师的父亲是文化馆干部，母亲是知名演员和导演，由于父母工作忙碌，她只能被寄养在农村，她的恩师黄素奶奶和她生活在同一个四合院，奶奶每天剪纸，年幼的她耳濡目染，逐渐也起了兴趣。父亲起初并不同意她从事剪纸这份工作，但高少萍老师依然坚持了下来，并使之发扬光大，她自己也从"广告小姐"一步步成长为"剪纸大师"。

《世纪伟人颂》和《一带一路》是高少萍老师众多优秀作品中最具代表性的两幅。作品《一带一路》长达 6.8 米，描绘了郑和下西洋经过的所有路线，记录了沿途的人文地理、风土人情；作品上还有一列列车，始发于泉州，上写"金砖会议"；作品中还有一轮冉冉升起的太阳，预示着光明灿烂的未来。整幅作品从设计到完工整整花了一年的时间，可见高老师用心之深。

高少萍老师教导我们，无论做什么事，都要从喜欢开始，兴趣是最好的老师，对自己喜欢的事情一定要认真，对待任何事情都不要厌烦。做人，一定要实在、真诚，要有自信、有底气，这样才会事半功倍。

高老师也提醒大学生，一定要有一技之长。这句话深深地触动了我，当今社会，如果没有一技之长，该如何生存下去呢？所以，我们一定要认真学习劳模精神，努力学好自己的专业，做到精益求精，刻苦努力，将来凭借自己的一技之长在社会上立足。

（本感想由陈迪、杨潇整理。参与访谈人员：陈迪、杨潇、何玫、邱明珏、潘吉琪、周家俊、应倩、李婷婷、陈臻怡、虞静仪）

匠心筑梦

第五编

无私奉献之淡泊名利

无私奉献　只为心中那份使命：赖水顺的故事

赖水顺，男，1958年2月出生，大专学历，中共党员，原任漳州市司法局副调研员、漳州市多元调处中心主任、漳州市医患纠纷人民调解委员会主任主任，现任漳州市芗城区调解委员会主任、赖水顺劳模工作室主任。他善解社会“千千结”，乐当百姓“和事佬”，把热心、公心、真心、良心、细心、耐心倾注到每个案件的全过程，先后收到人民群众自发送来的200多面（块）锦旗和牌匾，先后荣获“感动漳州人物”“福建省道德模范”等荣誉称号，获得福建省五一劳动奖章、全国五一劳动奖章。

赖水顺1996年从部队转业到漳州市司法局从事司法行政工作，6次被评为优秀公务员。2007年8月，漳州市成立“多元人民调解工作室”，后更名为“漳州市诉讼调解与人民调解多元调处中心”，赖水顺被选派担任中心主任。在无先例可借鉴的情况下，他带领中心几位同志，克服重重困难，创造性地把人民调解、行政调解、司法调解三者结合起来，开创了人民调解与诉讼调解无缝对接的“漳州模式”。他率先开展“第三方介入解决医患纠纷”，取得很大的成效；为了有效节省审判资源，他探索出一条行之有效的“六・六调解模式”，平息了社会纷争；他为政府解忧、为领导解愁、为企业解困、为百姓解难、为社会减压，采用“一听三帮一化解”方法，妥善处理了数百起群体性案件和信访案件，使上访、缠访、缠诉等老大难案件息诉息访，实现“案结、事了、人和”的新局面，维护了社会稳定，取得了良好的社会效益、经济效益和政治效益。

他善解社会“千千结”，乐当百姓“和事佬”，把热心、公心、真心、良心、细心、耐心倾注到每个案件的全过程，他的格言是“把老百姓的事，当成自己的事来做”。他靠着“三寸不烂之舌”和全心全意为百姓服务的热情赢得了漳州市民的口碑，先后收到人民群众自发送来的200多面(块)锦旗和牌匾，先后荣获“感动漳州人物”“全国司法行政系统先进工作者和劳动模范”“漳州市争先创优优秀共产党员”“福建省道德模范”等荣誉称号，获得福建省五一劳动奖章、全国五一劳动奖章。他所在的漳州市芗城联合人民调解委员会被司法部授予全国“模范人民调解委员会”，得到各级领导的肯定和老百姓的认可。

赖水顺2017年1月办理退休手续，虽然职务退了，可为人民服务、为社会和谐稳定服务的工作热情没有退，他无私奉献做义工，继续为政府分忧、为百姓解难，成功化解了漳州几十起疑难、复杂、重大的案件。

赖水顺劳模几十年如一日，忠于职守，胸怀人民，在平凡的岗位上默默耕耘。他曾说过，只要能为群众排忧解困，能把矛盾化解在基层，他就甘当社会“减压阀”，甘当乐于奉献的“和事佬”。他把“让人间少一点怨恨，多一分温暖；让世界少一桩纷扰，多一些温情”当成自己的座右铭，这也是他追求的目标。赖水顺的办公室橱柜里塞满了各种被他视为“宝贝”的纠纷卷宗。

其实，这些卷宗隐含着一个个感人的故事。

故事一：艰难上访十五载　审查细访调疑案

在接待和办理信访案件过程中，赖水顺主任由表及里，把握实质，及早发现带有全局性的情况和问题，未雨绸缪；并采取针对性措施，了解社情民意，积极排查社会热点、难点问题，对于群众到人民调解室申请调解的案件，做到上下沟通，信息互通，及时化解。

16 年前，陈某因与人打架被行政拘留 15 天，可当陈某父母在拘留所领人时却发现儿子遍体鳞伤，在抢救后变得精神失常，陈某父母在无法得到职能部门合理的说法后开始了上访之路。两位老人一边要照顾患精神病的儿子，一边要到各个部门上访，仅靠种菜维持生活，可是上访 15 年始终无果。

因多元调处中心成立后处理了多起信访难案，经市政府领导指示，市信访局决定委托多元调处中心处理此案。赖水顺接受委托后开始着手调查，历经一年，深入陈某治疗的几家医院核实其病情，与法官沟通有关侵权、赔偿的法律条文，查找公安部对行政拘留人员的相关规定等，走访几十人，终于证实相关部门对陈某的人身伤害负有一定责任。

为解决这个历史遗留老案，多元调处中心主动向主管部门通报情况，及时提出处理方案，得到了高度重视。通过多方协调，多部门配合，划拨部分资金，最终，陈某顺利住进精神病院接受治疗，陈某的父母也得到了相应的补偿。

签订协议后，陈某夫妇用三轮车将写着“明德惟馨”的牌匾及一面写着“艰难上访十五载　审查细访调疑案”的锦旗送到漳州市多元调解处理中心，以此作为这 15 年来辛苦上访的终结。

故事二：带着迟来八年的拆迁款安息

2015 年 11 月 30 日，家住芗城区南太武的黄××将题有“上下求索无回报，公仆情怀主公道"的牌匾送到漳州市多元调处中心赖水顺主任手中，感谢多元调处中心对他们的帮助。

事情的起因是这样的：芗城区原港口98号被拆迁的房屋是由张××等人于1996年11月在原土白村港口空杂地违章搭建的砖混二层仓库，此房屋（1 103.52 m^2）于1997年9月28日出售给庄××；1999年4月27日，庄××夫妇又将该房屋的二分之一面积出售给黄××；2007年4月，该房被拆迁，黄××、庄××等与拆迁公司签订了《房屋拆迁补偿协议书》，因该建筑属违章建筑，安置面积只能按照原有的60%给予安置或补偿，余下面积不予安置。自2007年开始，黄××、庄××等就为被拆未获应得补偿一事不断向各级政府部门反映，不断上访，然而每次都对相关部门处理信访事项的答复意见不服。

上访几年来，黄××丈夫林××一直生病，使得原本并不富裕的家庭更加拮据。2014年8月27日，经漳州市劳动能力鉴定委员会做出劳动能力鉴定，林××完全丧失劳动能力。就在拿到鉴定通知书的第二天，黄××与庄××又联名写了《房屋拆迁八年未安置赔偿的情况反映》。2014年9月18日，漳州市多元调处中心接受政府相关部门的交办件后，立即派员实地调查核实情况，并与相关部门沟通协商。

在双方座谈中，黄××提出安置余下面积，同时要求支付房屋搬迁费4 149.3元，店面搬迁费4 500元，临时安置补助费408 076.2元，附属物补偿费4 719元，搬迁奖励3 390元，店面经济补偿560 000元。另外，黄××表示，因为丈夫林××的身体每况愈下，需大量医药费，希望余下的面积用货币补偿。中心主任赖水顺对黄××提出的各项要求逐项进行分析、核对，确定双方无争议的条款，同时对双方有争议的条款提出建议，经过查阅历史档案、走访知情人、与拆房单位沟通及召开案情分析会等，历时一年，终于在2015年10月9日，双方达成一致意见，由漳州市悦港房地产开发有限公司给黄××、林××夫妇安置了住房，并一次性支付人民币372 882元作为补偿，且承诺于2015年10月20日前付清。而就在拿到补偿款的当天晚上，消息传来，林××去世了。事后，黄××和儿子亲自登门致谢，并激动地说："要不是中心，我们家就没那么快拿到补偿款，父亲也会死不瞑目。"

故事三：全麻手术变植物人，经调解获赔56.8万元

2013年3月14日，来自漳州平和的吴女士以“腰背部反复酸痛伴双下肢酸痛5年余，加重1个月”为主诉入住某医院，入院诊断书显示：腰椎退行性脊柱侧弯畸形；腰5椎体Ⅱ度滑落；Ⅰ级高血压。当时吴女士神志清醒，能在医院接受医生的检查并反映伤情。2013年3月16日，吴女士在全麻下接受“腰椎后路切开内固定术＋矫形”手术，术后，吴女士突发口唇青紫、呼之不应，后转入重症医学科、神经内科等科室治疗，后一直处于植物人状态。

这对于吴女士一家来说无疑是晴天霹雳。事故发生后，吴女士的丈夫作为吴女士的法定代理人，多次到医院找领导协商，要求医院赔偿吴女士的医疗费、残疾赔偿金、护理费、营养费等合计130万元，却始终没有得到明确答复。

情急之下，吴女士家属多次跑到医院要求讨回公道，召集亲友聚集在医院拉横幅、大喊大叫等。在长达一年多的时间里，患者亲友时不时聚集人员到医院“讨说法”，甚至以死相逼，引发路人围观，严重影响医院诊疗秩序，而事情依然悬而未决。

赖水顺作为漳州市医患纠纷人民调解委员会主任接手了这起案件，在接手案件之后，他就想到，这必将是一场艰难的调解：一方是不能理性看待植物人状态的患者家属，另一方是为保全声誉而激烈抗辩的医院。吴女士的现状无疑给家庭带来巨额医疗费，吴女士的丈夫要全天候服侍吴女士，无法正常工作，家庭更是雪上加霜，一年多的上访之路早已让这个原本贫困的家庭不堪重负。

考虑到这一点，赖主任在与医院沟通时，尽量引导他们站在患者家属的立场换位思考。并且，赖主任指出，医院在对患者进行治疗的过程中，对病情发展估计不足，也是导致患者成为植物人的原因之一，医院应承担相应责任。赖主任在仔细翻阅案卷的所有材料后，对案情精准把握、理性分析，对当事人不偏不倚、不急不躁，多次联系医患双方进行调解，从医患对立到医

患对话，不厌其烦。功夫不负有心人，在长达近四个月的调解之后，医院最终同意支付56.8万余元的赔偿款，吴女士的丈夫对此结果表示满意，及时办理了出院手续。至此，这起医疗事故损害赔偿纠纷案终于画上了圆满的句号，双方当事人达成调解协议，由医院赔偿吴女士家属各项损失56.8万余元，并于2014年7月20日前全部兑现。

故事四：多次登门终止两年上访之路

2015年8月3日晚，漳州市多元调处中心灯火通明，历经两年多的上访之路终将在今晚落下帷幕。

故事的主人公是一位前不久经历了丧妻之痛的韩先生。韩先生年仅四十余岁，但看起来异常憔悴。2012年2月，韩先生的妻子钟女士因身体不适到漳州市某医院就诊。入院诊断为子宫多发肿瘤、宫颈息肉、卵巢肿瘤。术后，经过几项检查，医生建议钟女士进行“腹腔镜下全子宫切除术”。术后第三天，钟女士经检查一切正常，很快就出了院。可出院后几天，钟女士发现尿道不自主溢尿，不到一个月时间，她再次入住漳州市某医院，并进行了尿道修补术。出院后，钟女士开始出现面色苍白、乏力、活动后气促等症状，钟女士就又一次来到该院就诊，可这次的诊断结果犹如噩梦：钟女士患上了急性髓细胞性白血病M5。

得知妻子的病情后，韩先生的心一下子跌入了谷底。他毅然辞去工作，在医院陪护着妻子，他坚信，这只是暂时的困难。韩先生每天通过朋友、网络了解全国各地可医治妻子病症的医院。眼看着妻子的病情越来越严重，在朋友的介绍下，韩先生带着妻子来到了南京军区福州总医院，在该院住了不久，妻子的病情不断恶化，可韩先生仍不愿放弃，他再次带着妻子北上，到北京大学人民医院继续治疗。

韩先生天天精心地照料着妻子，等待着奇迹出现的那天。可最终，钟女士还是没能战胜病魔的折磨，2013年7月，钟女士经治疗无效去世。

韩先生认为，妻子的离世是因为在漳州市某医院治疗过程中，医生不负责任，并且没有根据钟女士的实际病情有针对性地治疗，在妻子身体虚弱的情况下又对其进行了多次放射性检查，导致妻子身体无法承受，病情加重。他多次找院方理论，要求院方给他个合理的解释，他在寻求律师帮助后，算出了一份赔偿清单，赔偿数额高达217万元。可院方认为诊疗过程中并没有过错，所有的过程都是严格按照流程根据病情实施的。

2013年8月，韩先生在院方的引导下第一次来到了漳州市多元调处中心。赖主任看着他颓废的神情，不断地激励着他。他耐心地开导着韩先生，对他说，妻子的离去引起他的悲伤，这是可以理解的，但为了让儿子更好地生活学习，韩先生要更加振作，把儿子培养成优秀的人才，不能就此一蹶不振。同时，赖主任在了解了整个纠纷过程后，分析了院方提供的病例、手术记录等，并多次通知双方进行协商。可由于韩先生在与院方交谈中情绪过于激动，调解工作难以继续开展，最终因韩先生放弃调解，坚持要走诉讼程序而终止。

在与韩先生的多次接触中，赖主任也对他有了一些了解。他很清楚，韩先生目前的状态只是由于过于无助而不信任任何人。虽然调解程序终止了，但赖主任仍在关心着此事的进展。赖主任发现，韩先生并没有走法律程序，而是三番五次去医院采取不理智的行为，找院方领导闹事，利用信息平台发布威胁言论，甚至围堵威胁院领导，给他们的工作和生活带来了严重的困扰。院领导在无奈之下，再次找到赖主任，他们相信以赖主任的"调解神功"，一定能妥善处理此事。

赖主任在接到院领导的求助后，多次来到韩先生家中与他交谈，并与韩先生的哥哥取得联系，希望其能配合开导弟弟。就在这一次次的努力中，韩先生也被赖主任的真诚与热心感动了。他承认了自己去医院闹事的过错，并希望赖主任能为他主持一个公道，也使妻子的在天之灵得到慰藉。妻子逝世后，韩先生日益孤独，他感觉生活没了支柱，没了动力，已然把上访当成了自身的职业。经过与赖主任的多次接触，他对赖主任的信任感逐渐建立。同时，赖主任也积极地与院方沟通协调，使院方认识到自己在诊疗过程中确实存在疏忽，应该对家属进行适当的补偿。

2015年8月，赖主任的努力终于有了成效。在他的耐心调解下，双方同意了他提出的调解方案。院方同意就钟女士的诊疗一事所产生的纠纷一次性支付15万元作为补偿。在协议履行完毕后，双方就此事所产生的权利义务全部终结，韩先生也承诺了不再就此事上访诉讼。在赖主任的主持下，双方签订了调解协议书，握手言和。

像韩先生这样上访两年多的上访户在赖主任的调解中心并不罕见，在赖主任处理过的案件中，有很大一部分都是多年的老上访户，有的还是言行举止都非常极端的“知名”上访户。可现在，这些上访户们都跟赖主任成了好朋友，他们的纠纷均在赖主任的手下得到了解决。在赖主任身上，我们看到的是真心与智慧，正如赖主任所说：“对待老百姓，唯有用你的真心，才能换取他们的信任。”

采访心得

赖水顺劳模当过20多年的兵，又做了十多年的基层干部，2007年走上调解工作岗位时，已到知天命的年龄，然而他依旧忠诚不变、韧劲不改，一心扑在调解工作上。经过自己的不懈努力，先后获得“五一劳动奖章”“道德模范”“中国好人”“中国最具影响力法治人物”等荣誉称号，收获了满满的认可和鼓励。

赖水顺办公室的墙上挂满了经赖老师调解成功的当事人送来的锦旗和奖牌，足足有230多个，每一面锦旗、每一块奖牌都承载着一个故事。赖老师说：“调解纠纷，说容易也容易，说复杂也复杂，归根结底就是‘六个一’：一双眼、一对耳、一张嘴、一个脑袋、一点智慧。一双眼，就是认真去观察表情。当事人说的话，哪些是真，哪些是假，都可以看出来。说得对我就肯定，说得不对我就要给他纠正过来。尤其是在群体案件里，要做到胆大心细。一对耳朵，就是要认真听当事人反映的情况，等他们把苦水吐出来，心里也会舒服一点，与你的距离也就拉近了。让当事人打开心结，信任你，消除双方的误解，就得靠一张嘴了。因为每个纠纷案件都是不同的，所以要靠智慧，根据当事人反映的情况去分析，用心找出突破点，这样才能化解纠纷。”

赖老师同我们分享了一起离婚案。俗话说“宁拆十座庙，不毁一桩婚”，一开始他也是积极劝说双方多为家庭着想，但随后他却从“劝合”转为“劝离”。在这“离”“合”之间，充分体现出他的辛劳与苦心。2010 年 7 月，一对夫妻闹矛盾，女方要离婚，男方不同意。后来在一次家访时，孩子偷偷地告诉他：“叔叔，您千万别劝他们和好，不然我和妈妈都会被打死！”赖老师听出其中另有隐情，耐心追问下才明白，原来，孩子是收养的，男方怪女方不能生育，结婚十几年经常实施家庭暴力，妻儿深受其害，苦不堪言。赖老师得知情况，坚定了信念，几经努力，帮他们离了婚，合法分割了财产，为母女二人争得了合法权益。

患者李某于 2008 年因食道癌及原发性高血压入住漳州市某医院，2009 年 9 月因多器官功能衰竭，抢救无效死亡。死者家属认为这是一起医疗事故，向医院方提出近 82 万元的医疗损害赔偿款。医院方认为，医院不存在过失，不应承担赔偿责任。医患双方十分对立，李某的家属情绪激动，组织 25 人到医院办公室围堵，并聚集百余人到医院大门口，扬言若不满足其要求就要游行示威。赖老师闻讯后，及时赶到现场耐心劝解死者的亲属和前来帮忙的人员，告诉其不能有过激的言语和行为，若造成不良后果将承担法律责任。他将李某家属带到调解工作室，进行耐心细致的分析，讲明死者生前患有食道癌的客观事实，李某子女等亲属为保全尸，不愿意进行尸检，致使尸检无法进行，因此，赖水顺建议在《医疗事故处理条例》规定的框架内提出合理的赔偿数额，以此促使与医院方达成共识。同时，他又积极做好医院方的协调工作，要求医院方查找不足，充分认识自身存在的过错，拿出诚意，尽快解决，不要推卸责任或拖延不办。最后，历经 43 小时的反复调解，双方达成了共识，医院方愿意向李某法定继承人支付适当的补偿金，并于当天履行了赔付义务。至此，一场医患纠纷得到了圆满的解决。

以上只是许许多多被调解成功的案例当中很普通的一些故事，在听赖老师讲述的时候，我就已经能感受到当时情况的紧急和气氛的凝重，而赖老师每次都是只身前往第一现场解决问题，不由得心生敬佩，但赖老师却说：“我既然做了调解员，就要把百姓的事当作自己的事，我也是名老党员、老军人，全心全意为人民服务的信念根植在我的心中。”就是凭着这样的无私奉献，凭借着 365 天时时在位的爱岗精神，赖水顺处理了上千起群众纠纷，其中医患纠纷600多起，群体性案件300多起，这些数字的背后是赖老师经常的通宵达旦，是设身处地为对方着想，努力解决问题；是24小时随时随地手机待命；是在解决纠纷中不断因人制宜创新方式方法；是坚决不取分毫，反而有时自掏腰包；是匆匆回家换身衣服就出门，时常无法同家人吃饭……我看到赖老师办公室的墙上赫然印着“爱岗敬业、争创一流、艰苦奋斗、勇于创新、淡泊名利、甘于奉献”这24个字，这正是对“劳模精神”的生动诠释。

最后，我想分享劳模赖水顺的一句座右铭：“让人间少一点怨恨，多一分温暖；让世界少一桩纷扰，多一些温情。”听起来很难实现，但却是劳模赖水顺每天都在经历的事情，面对困难，他迎难而上；面对挑战，他勇往直前。我们当代大学生更要学习赖老师这种精神与作风，勇敢面对生活和学习上的困难，善于思考，在劳模精神的引领下，攻坚克难，勇往直前，为实现中华民族伟大复兴而奋斗！

（本感想由陈迪整理。参与访谈人员：陈迪、何玫、邱明珏、杨潇、潘吉琪、周家俊）

不忘初心　践行服务社会宗旨：
陈宝莲的故事

陈宝莲，女，汉族，1983 年 9 月出生，中共党员，硕士研究生，政工师、社工师、国家二级心理咨询师。现任上海市静安区社会组织联合会副会长、党总支书记。

她曾获“第一届静安青年英才”“上海市劳动模范”等荣誉，同时担任静安区政协委员、区妇联副主席(兼)、区青联委员等职务。她所在的静安区社会组织联合会获“全国先进社会组织”“中国社会组织 5A 级”“全国巾帼文明岗”“上海青年五四奖章”等荣誉。

陈宝莲劳模参加工作后，对社会组织从认识、到了解、到熟悉，从关心、到关注、到热爱，她以时不我待、只争朝夕的精神投身社会组织工作，成长为社会主义核心价值观的一线践行者，在上海市静安区乃至全市社会组织领域具有一定的社会影响力。

陈宝莲满怀对社会工作的认同感和归属感，保持着高度的公益热情，积极投身各类公益活动。她将获上海市劳动模范称号的 2 万元奖金全额捐赠给静安区慈善基金分会，为安徽贫困山区提供公益资源，建立了 8 间乡村电脑教室，捐助家乡高速公路建设和贫困儿童及患白血病儿童治疗等。她无私奉献、淡泊名利，在营造劳动光荣、创造伟大的社会氛围中当好表率、走在前列，以实际行动践行服务社会宗旨。

贫穷与追梦

陈宝莲出生在安徽大别山区，小时候家里条件非常艰苦，有时还要到别人家里去借大米开炊。9 岁的时候，陈宝莲的母亲因病去世了，这年，她哥哥姐姐外出打工谋求生计，父亲在家乡做一点短工，补贴家用。读书期间，陈宝莲一边勤工俭学，一边帮家里做工，她说："回忆起那些时光还是感觉很开心，因为虽然家里比较困难，父亲却一直支持我的学习，哥哥姐姐更是把她们打工赚的钱用来给我支付学费，所以我很热爱学习也很拼命学习，因为我知道学习来之不易，我更应该好好学习，才能报答他们对我的付出。我认为贫穷本身没有错，它是一种精神上的财富，关键看你如何看它，如何对它。"

努力终有回报，中考那年，她以全县第四名的优异成绩考上了安庆师范学校，父亲高兴得在村里摆了酒席，请全村人来沾喜庆，因为考上这个学校意味着毕业以后就有了"铁饭碗"。但是计划赶不上变化，政策说变就变了，当初的"铁饭碗"变成了竞争上岗，要强的她虽然有些许失落，但很快转换了心态，备战第二年的教师入职考试，最终在考试中脱颖而出，当上了一名正式老师。

一段时间后，这个来自封闭乡村的姑娘又有了一些想法，因为那些曾经的同学从外面大城市回来以后和她聊天，触动了她渴求知识的心。这颗种子迅速生根发芽，她辞去了好不容易得来的“铁饭碗”，当时这样的举动很多人不理解，哥哥姐姐也不同意，幸好这时父亲坚定地支持了她，让她能义无反顾地去追求自己的梦想。英语水平差没关系，每天清晨的太阳下总有她背单词的身影，晨露与夜鸣的青蛙见证着她的努力。经过这样认真的复习，在考研的时候，陈宝莲以专业第一名的成绩考入上海师范大学中文系，那种激动的心情难以言表。

转眼间，研究生的学习生涯匆匆而过，那一年，静安区民政部招聘党群工作者，她看到招聘信息后就报了名，经过初试复试，一路过关斩将，顺利获得了工作机会。就这样一直工作到现在，一直坚持为民服务，为社会服务，从一名基层工作者到社会组织联合会的领导，一路走来，她以苦为乐，敢于追梦，取得了成绩，也实现了梦想。

坚持党建引领，引导社会组织以实际行动参与社区建设

陈宝莲到静安区社会组织联合会工作后，全心投入工作，全心全意为人民服务，把工作当成自己的事业来做。她通过枢纽型社会组织党建工作例会、“共同行动”工作联盟联席会议、社会组织党建负责人联席会议、党课报告会、文件资料、新媒体等方式，第一时间将党和政府的路线方针政策传递至各社会组织，引导社会组织准确理解、真心认同。截至 2017 年底，“1＋14＋X”党建枢纽成为党和政府联系全区 155 家社会组织党组织、11 个党小组、369 名党建联络员、1 887 名党员的桥梁和纽带。

基于社会组织联合会与区域内社会组织无直接党组织隶属关系的思考，她探索搭建了区域化党建平台——共同行动工作联盟，分设社区服务、为老服务、青年志愿、社区调处、公益慈善等专业联盟，形成“月月大篷车，季季作奉献，年年公益节”的常态化服务机制。她每年组织盟员举办社区公益节、“六进”系列为民服务、“便民大篷车”、党员奉献日、学雷锋日等活动，至

今共举办十届社区公益节，近五年累计参与志愿者达 1 400 余人次，受益近 35 300 人次。还通过《静安报》推介 100 名“社会组织之星”。

她推动成立了上海首个以社会力量发起的社会组织人才扶持基金——春芽基金，为社会组织青年从业者提供物质、精神支持，吸引更多社会资源进入社会组织领域。她还组织实施了第一届、第二届“春芽基金公益学堂”项目，连续开展两届“社会组织春芽”评选表彰活动，帮助 51 名“春芽”筹集了 153 000 元奖金。

坚持“服务第一”理念，热情为社会组织排忧解难

九年来，陈宝莲通过常态化上门走访、接待来访、电话答询、新媒体等多种方式，热情解答区域内社会组织在筹备、注册、内部管理、规范化建设、项目运作、能力建设、政策解释等方面的发展困惑。全区社会组织每天会有大大小小的事通过各种渠道找到她，她线上线下保持与社会组织的密切联系，随时随地、不厌其烦地为社会组织释疑解惑。

她协助开展财务、法律、档案等各类业务培训计 3 000 余人次。作为集中培训课程的延伸和补充，精心打造“公益下午茶沙龙”社会组织能力建设品牌，进一步探索精细化提升社会组织能力的途径。协助向区委领导提出“将枢纽型社会组织管理模式覆盖到整个新静安”建议，就街镇枢纽组织人财物配备等积极建言，保持与各街镇社会组织联合会的密切联系，全程指导社会组织的成立注册、章程范本、理事设置、党组织建设等事宜。在区委、区政府及相关部门的重视支持下，截至 2017 年 8 月，新静安所有街镇都成立了社区社联会，形成“1＋14＋X”枢纽型社会组织管理模式，在全市率先实现社联会、社服中心双轮驱动、双覆盖。

坚持代表利益，积极建言，为社会组织营造良好发展环境

近年来，陈宝莲协助静安区社会组织联合会向政府部门提出“政府购买社会组织服务项目中充分考虑人力成本”“留住优秀青年人才推动静安经济社会发展”“不宜对民非院校更名一刀切”等20余件专项建议，多数被政府采纳并实施。她作为静安区政协委员提交《加强对企业举办型社会组织引导监管力度》等6份提案和《推进上海养老机构医养结合》等4份社情民意，形成《关于系统推进静安区枢纽型社会组织服务管理模式专项调研报告》，提出“构建社联会、社服中心双轮有效互动、高效运转的新静安枢纽型社会组织服务管理模式”设想。她所撰写的《人才培育是社会组织发展前提》《秘书长不仅是助手更是参谋》分别刊于《中国社会组织》2014年第17期、2015年第14期。她撰写的《以枢纽型社会组织为载体开展新社会阶层人士统战工作的实践与思考》获上海市统战调研课题一等奖，《发挥枢纽型社会组织管理模式功能，加强社会组织青年领军人才培育》刊于区委办《决策研究》，《静安区企业举办社会组织现状研究》获区级优秀调研课题。她还参与编印《历程·回眸·静安区社会组织媒体报道汇编》《群星璀璨：社会组织之星风采汇》《静安区社会组织参与化解社会矛盾案例汇编》《公益达人：新时代的活雷锋》《小巷大爱：上海市中心城区社会组织新闻视点》等书籍。近五年累计通过区社联会微信公众号推送枢纽快讯、党建引领、联盟活动、14+X社联会、评估事务、政策传递、联宝随笔等各项服务社会组织的相关内容496条。

采访心得

今年暑期，学校组织了“走近劳模”暑期社会实践活动，我们“劳模精神教育实验班”的部分学员，在指导老师的带领下来到了上海市静安区社会组织联合会，采访全国巾帼文明岗、上海市劳动模范、上海市静安区社会组织

联合会副会长兼党总支书记陈宝莲劳模。

陈老师给我们简述了自身成长、成才、成功的故事。

陈老师说，在社会组织工作的时间越久，从社会组织服务对象那里得到的认可就越多，同事之间的和谐氛围让她真切明白了社会组织工作的意义，她下定决心将自己扎根在这个行业，对于她所服务的每一个社会组织、每一位组织人员、每件事，她都十分清楚。陈老师说："一开始，他们不认识我，我也不认识他们，但他们是我的服务对象，我要把我的工作做好，所以我一见到他们就主动说我是谁，我以后要为你们服务。"这样一点一滴地走来，我想，如果不是真心热爱这份工作，她是坚持不下来的，这或许也是她成为劳模的原因之一，让我们明白了汪国真的一句诗："如果热爱生命，一切都在意料当中。"

陈老师还给我们讲述了她人生"三起三落"的故事，这其中曾付出过的努力与坚持，也是我们真正要向劳模陈宝莲学习的品质。我们都是普通人，有时会体验生命中的痛苦，有时候会体验成功的喜悦，这些都是生命的本质，如果我们热爱生命，热爱生活，坚持用积极向上的心态面对，一切困难都会过去。

现在的陈宝莲劳模时刻谨记着自己的使命，在工作懈怠时，时刻都用劳模的身份提醒自己，爱岗敬业，精益求精，全身心投入工作，继续砥砺前行。

劳模的精神给现场的同学们留下深刻印象，参与访谈的同学们都被陈老师的故事和事迹所感动。

何玫同学说："最令我印象深刻的是，陈宝莲老师建议我们新一代大学生要诚信踏实做人。确实，在这个浮躁的时代中，我们已经很难沉静下来去好好地做一件事了，但是，生活中的一件件事情，看似很小，却很能体现一个人的处事态度。我深深领悟到，只有认真努力地对待每一件事，才能在人生的道路上取得进步。"

邱明珏同学说："我从陈老师身上学到了一种十分可贵的品质，那便是以真心待人，才能以心换心，真正走到人民中去。陈老师教给我们的不仅仅是服务社会的方式，更多的是她肩上的使命和她为人处事的态度。"

应倩同学说："陈老师对我们说，你们是祖国的未来，应该把全心全意为人民服务当作自己的毕生信仰，要怀揣一颗感恩之心，珍惜学习机会，将自己的所得无私奉献给社会。我深受感动，陈老师用她的实际行动为我们做了最好的表率。我定将努力学习，坚持信仰，将来为祖国的建设贡献自己的力量。”

虞静仪同学说：“通过学习陈老师的事迹，我进一步理解了吃苦耐劳的精神，懂得了一切来之不易，要珍惜一切，并拥有乐观向上的精神状态。只要不忘奋斗，人生一切皆有可能。有了奋斗才会得到你想要的成果，日复一日的积累终会有所回报，而做事时的热情与坚持也是成功所必须有的态度。”

陈臻怡同学说：“作为一名社会服务专业的学生，我更加深刻地理解了‘全心全意为人民服务’的宗旨，我们一定要有不怕苦不怕累的精神，即便遇到一些沟通有困难的人，也不能有任何的不耐烦，因为帮助他们是我们应尽的义务。”

李婷婷同学说：“永远不要忘记奋斗，人生一切皆有可能；永远不要忘记父母，不要留下遗憾。陈老师的寄语我会一直记得。我不仅会更加努力地学习专业知识，更会将专业理念记在心里。”

陈宝莲劳模的经历让我们明白了，生活不会总是顺心如意，我们要调整好自身心态，积极面对困境或顺境。当代大学生要向陈宝莲劳模学习，学习她敢于追梦、敢于战胜困难的决心和信心，学习她身上的劳模精神，在新时代的大好时光里，不忘初心，牢记使命，努力成为有用之才！

（本感想由陈迪整理。参与访谈人员：陈迪、何玫、邱明珏、应倩、虞静仪、陈臻怡、李婷婷）

淡泊名利　理想纯粹热忱助人：
汤杰的故事

汤杰，男，1981 年 9 月出生，中共党员，本科学历，铁路上海站客运车间一名普通的 80 后客运值班员，上海站“心尚”服务品牌领衔人。

他勤奋好学、敬业爱岗、乐于助人，践行雷锋精神，真心服务旅客，得到社会的广泛认可和赞扬。工作至今，先后荣获了“全国铁路劳动模范”“上海市五一劳动奖章”“铁道部火车头奖章”“全国用户满意服务明星”“全路创先争优先进个人”等多个荣誉称号。

汤杰2002年进入铁路系统工作，在全国劳模张庆桓的悉心带领下，用心做好每件事，用心服务每位旅客，很快成长为一名优秀员工，成为“张庆桓雷锋服务站”新一代领军人物。他勤奋好学、敬业爱岗、乐于助人，践行雷锋精神，真心服务旅客，得到社会的广泛认可和赞扬。工作至今，先后荣获了“全国铁路劳动模范”“上海市五一劳动奖章”“铁道部火车头奖章”“全国用户满意服务明星”“全路创先争优先进个人”等多个荣誉称号。

与他接触过的同事，接受过他服务的旅客，无不对他称赞有加，“年轻、真诚、严谨、能干”是对他最真诚的评价。汤杰凭着一身过硬的服务技能和为乘客服务的满腔热忱，赢得了领导、同事和乘客的一致好评，曾被新华社、《解放日报》等媒体表扬392次，收到表扬信186封，锦旗、牌匾102面(块)，被旅客亲切地誉为“身边的活雷锋”。

汤杰说过：“服务只有起点，满意没有终点。”汤杰在自己平凡的岗位上用他的真诚和无私默默地奉献着。他常说：“被别人关心是一种幸福，关心别人同样是一种幸福，每当我送出一份关心，心里就多了一份慰藉，生活就多了一份舒展，生命就多了一份温暖。”他在生活中服务着每一位路过车站的旅客，对大多数人来说，他只是他们人生中的一个过客，但对许多真正需要帮助的人来说，当他把一位位行动不便的旅客送进车厢，给他们安排专座，为一位位错过车次的老人献上车票，为一位位孤寡老人买下往返车票时，他们在他身上感受到的更是一种家人般的温暖，看见他时心中就会充盈着亲切感。

故事一：意外的遗产

真情为旅客服务，把旅客当成亲人一样关怀，这是汤杰的服务信条。他的真情诚意温暖了每一位受到他帮助的旅客。有一次，他接受东方卫视《走近他们》栏目专访，主持人骆新问他：“你认为服务好旅客，最重要的是什么?”汤杰答道：“是一颗把旅客视作亲人的心。只有有了这颗视旅客为亲人的心，才能用心做好每件事，用心服务每位旅客。”在汤杰工作的这些年里，曾收到过许许多多来自旅客的礼物，他都一一归还，其中最特别的是一份来自一位已故老人的遗产。这位老人是谁？为何要将自己的遗产赠给汤杰呢？

原来，多年前，这位老人乘坐 T100 次列车从香港来到上海，她当时已经年过九旬，行动不便，又与家人失去了联系，当汤杰遇到她时，她在站台上焦急踌躇着，不知所措。细心的汤杰注意到了这位老人，上前询问，当他得知老人的情况后，马上找来一部轮椅，悉心扶老人坐上轮椅，陪着她去寻找家人。一路上，汤杰为老人披衣、嘘寒问暖，老人家感动得落下了眼泪……在交流中，汤杰得知老人名叫邬彩萍，以前在香港工作，退休后独居上海，经常往返于香港和上海之间，于是就把自己的联系方式留给了她。

汤杰亲人般的服务态度让这位老人深深记住了他。从此，只要老人一个电话，汤杰就会送票上门，还会安排轮椅接车，风雨无阻。休息日，汤杰还会陪老人读报聊天，有时候还推着她出去走走，散散心，这一推就推了四年多。一次，老人的家人因事无法照顾老人，汤杰知道后，特地抽空接过了照顾老人的任务。那天，他用轮椅推着老人逛遍了上海的淮海路、城隍庙、东方明珠、人民广场，当老人隔江望着发生了翻天覆地变化的浦东时，不禁感动地含泪说："小汤，谢谢你让我能够看到这么美的上海……"

最后，当老人的女儿看到悉心照顾自己母亲的汤杰时，感激万分，掏出钱包取出一沓钞票塞给汤杰以表谢意，但汤杰说什么也不肯收下这笔钱……

突然有一天，老人的女儿带着律师找到了汤杰，说："老人已在香港离开了人世，临终前曾留下遗嘱，赠予汤杰一套位于上海西郊的别墅。"

听到老人离世的消息，汤杰感到特别难过。其实相处的这四年间，汤杰不仅把她看成一个旅客，更把她当成了一位长辈亲人。最后，汤杰婉拒了那套房产，而把老人对自己的认可当作最宝贵的礼物，永远地留在了心底。

人与人的感情是相互的，付出总能有回报。"心尚"雷锋服务站每天至少要为数十名旅客提供重点服务，旅客对他们的每一个微笑、每一声感谢，都是他们干好这份工作的不竭动力。

故事二：特殊的红包

其实，人与人之间的亲善友爱既是相互的，又会辐射到更广泛的群体中。

2016年，农历大年初二，上海站“心尚”雷锋服务站一个名叫徐慧鑫的小伙子不幸被诊断为M5型中期急性白血病，化疗没几天就花去了十几万元，突如其来的打击令小徐一家蒙上了挥之不去的阴霾。

乍闻噩耗，“心尚”服务团队自发发起募捐。一时间，有上千人慷慨解囊。其中有一位叫张琴的东北大姐也给汤杰发来了微信红包：“看到你们给徐慧鑫捐款，我也献点爱心。”

张大姐的丈夫前年骨折来上海就医，服务团队的成员们帮助他们坐Z40次列车回家。事后，因她丈夫体弱多病，多次往返上海和家乡，都是服务团队的成员们帮着送站接车。汤杰知道张大姐丈夫医药费负担也不轻，就说：“大姐，你老公身体也不好，你家也有困难，好意我心领，红包我就不收了。”

红包虽然退了回去，但暖意犹存心头。当你付出一份爱心温暖他人，他也会以相应的行动将温暖带给更多的人。如此一个又一个，便能够点亮整个社会的人性光辉。

故事三：China，great！

一次，有一对从北京来到上海的英国夫妇，由于列车误点，导致他们无法准时登机回国。汤杰得知这一情况后，想到自己的英语水平可以帮助外国旅客与车站更好地沟通，他立马赶到现场，上前用流利的英语安慰焦急的外国旅客，并致上深深的歉意。汤杰优秀的英语能力消除了外国旅客与车站服务人员之间的语言障碍，使外国旅客的情绪平定下来。为了使这对外国夫妇可以尽早回国，汤杰随即陪同他们前往机场，在最短的时间里，帮助外国夫妇改签好飞机航班，让这对远道而来的外国夫妇当天坐上了回国的航班。汤杰真诚和负责任的工作态度令外国旅客不禁对中国铁路客运服务连连称赞："China，great!"

故事四：让我做你的眼睛

"16 级台阶……好的，平台，16 级台阶……"2014 年 2 月 21 日，上海站候车大厅中，旅客来来往往，"张庆桓雷锋服务站"的客运值班员汤杰搀扶着一位手拄盲杖的盲人旅客，缓慢地行走在候车大厅的绿色通道内。

"向右转，小心，这有两个台阶。"汤杰轻声地对盲人旅客说。他的认真与细心引来周围候车旅客的注意，纷纷对他投来敬佩的目光。

"我和吴师傅认识到今天已经是第 8 个年头了，"汤杰说，"虽然吴师傅眼睛不好，但他对声音和数字相当敏感，所以在服务中就要多加注意，什么时候拐弯，走几步都要告诉他。"

"小汤很善良，对我的服务既贴心又细心，他帮助我已经 8 年了，这 8 年中，只要我一个电话，他都是风雨无阻，他使失明的我又获得了一双灿烂的眼睛！"吴师傅感慨道。

吴师傅名叫吴继明，是一位家住南京的上海籍盲人。由于身患糖尿病、高血压、骨质增生等疾病，每个月都要往返于上海和南京之间报销异地医药费。吴继明今年已经六十多岁，孤身一人借住在南京的远亲家中。因为身为盲人又长期患病，他身体浮肿，步履沉重，出行多有不便，可就因为汤杰的细心服务，原本每个月最让他发愁的宁沪之路却成为他在黑暗世界中一道温暖的阳光。

吴师傅永远也不会忘记他和汤杰相识的情景。2006 年 3 月，吴继明一个人坐上开往上海的列车。列车到达上海站后，作为交接的重点旅客，他被列车长搀扶下火车。

"重点旅客在哪?"吴师傅在站台的一片嘈杂声中听到一个清脆的声音。

"汤杰！是你来做交接啊！"列车长和汤杰打过招呼后，回过头对吴继明说道："吴师傅，这是上海站张庆桓雷锋服务站的服务明星，叫汤杰，他可是全国劳模的徒弟，人热情又细心，你放心吧！”

吴师傅回忆道，就是在这短短十几分钟的出站过程中，他就感受到汤杰不同一般的细心与热情。看到自己行动不便，汤杰边慢慢挪着步子，边告诉他方向和台阶数量，得知他要乘坐 115 路公交车，汤杰直接将他送到了广场上的公交车站，把他托付给和自己相熟的司机，请他们代为照顾。

“其实将我送上公交车我就很感动了，谁知道他得知我当天要回南京，就让我结束后给他打电话。等我报销完回到车站的时候，他居然已在下车处等我，真是没想到啊！”吴师傅感动地说。

更让吴师傅没有想到的是，从那一次起，只要他来到上海站，汤杰就风雨无阻地为他服务，这一服务就是整整八个年头。

“八年，不容易啊！都说‘久病床前无孝子’，一个和你没有血缘关系的人能这样帮助你，能不让人感动吗？我听到过一篇报道，也是表扬小汤的，说他帮助一位香港老太太的事情，其实，他也是这样帮助我的，不仅是给我指路，帮我买票，就是上卫生间也多亏了他。碰到有几次他休息，我来上海，他二话不说就从家里出来，带我去报销医药费，然后还陪我去七浦路买衣服；还有一次，我的申请材料有问题，他立马借了一台电脑，当时就帮我修改、上传，帮了我的大忙了。”

汤杰说，他做的都是点滴小事。但正是这些小事，让吴继明感受到了亲人般的温暖。有一次，吴师傅的钱包被偷，汤杰得知后不仅主动贴钱帮他买了车票，还买了水果和点心，最后又给他一百元钱让他在路上应急，虽然当时汤杰说是“借”给吴师傅，但是直到今天，来来回回好几次，“借”出的 100 元，汤杰非但没有收“还款”，反而形成了一个“习惯”：次次送吴继明回南京时都会给他带上点心、水果。

汤杰说：“吴师傅家境困难，我只是尽力而为，能帮就帮，要是斤斤计较，那哪配是咱们雷锋站的人啊！”就是这“尽力而为，能帮就帮”的思想，汤杰和吴继明结成“长期服务”对象，不仅在上海站接送吴继明，偶尔吴继明去苏州、无锡等站，汤杰也会提前和车站服务人员联系；碰上阴天下雨，汤杰还会帮吴师傅备一把雨伞；休息时，汤杰还会带些水果特产去南京看望吴师傅。

“有一次，小汤去石家庄学习，正好我来上海，开始听说他不在，我就慌了，后来小汤告诉我，不用担心，他会安排好的。果然，雷锋站的工作人员帮我安排得好好的，强将手下无弱兵，雷锋站名不虚传！”吴继明称赞道。

就是这样一月至少两趟来回的旅程，汤杰用张庆桓雷锋服务站热情、周到的服务给盲人旅客吴继明带来8年的温馨服务，让一位游子真真切切地找到了回家的感觉。

吴继明兴奋地说，今年他的廉租房审批通过了，过不久，就会回到上海居住了，到时候不仅汤杰会常来看他，还会带上海站许多青年职工来家里做客，那时候才叫热闹，他做梦都盼着这一天哪！

采访心得

每逢外出乘坐交通工具，我们都要与车站的工作人员打交道；在乘车时遇到困难，最先想到的也是客运工作人员。因为有他们，我们的旅程才没有后顾之忧。暑期，我们有幸在上海站采访了上海铁路局客运员、上海市微笑形象大使、服务明星汤杰劳模。

汤杰老师是一位年轻的80后，他从一名普通的客运员到全国铁路系统劳动模范，一路走来，依靠一颗热爱铁路客运工作、真诚服务旅客的爱心和永不言弃、执着上进的坚定信念，成了同龄人中的佼佼者，也是我们学习的榜样。在奋斗的征程中，汤杰老师也遇到过困难、碰到过挫折，然而，汤杰老师都一一克服了，他明白，每个人都有自己的社会角色，作为铁路客运工作者，或许岗位很平凡，但他的工作能给人们带来快乐，能换来旅客真心的笑容，为中国铁路收获许多个“路转粉”的忠实粉丝。

访谈期间，汤老师给我们讲了许多工作中的故事。在16年的工作中，他在火车站的第一线，坚持不懈地为乘客提供最好的服务，虽然和许多过往的旅客只是一面之缘，任何人可能都只是他人生路上的匆匆过客，但他却真的做到了对旅客的尽心尽责和细心周到。其中最震撼我的是他和香港老人的故事。

多年前，曾有一位年过九旬的老太太独自来往于香港和上海之间，老人行动十分不便，当细心的汤杰遇到她时，老人正在车站焦急踌躇，不知所措。

这时汤杰亲人般的服务态度让老人深深记住了他。此后，每次老人来到上海都会找到汤杰，汤杰还利用空闲时间承担了照顾老人的任务，当老人心脏病发作时，汤杰半夜带老人去医院挂急诊，毫无怨言。汤杰像对待自己的母亲一样照顾了老人十年，从未间断。后来老人不幸去世，其女儿根据老人的遗嘱，欲将上海的一套房产赠予汤杰，但是汤杰婉言谢绝了。对他来说，他做的只是小事，只是单纯地为身边的人无私付出。他是我们身边的平凡人，但却有着英雄般的可贵品质。做一件好事不难，做一天好事也不难，难的是十几年如一日不求回报的付出。汤杰老师这么多年能够坚持下来，为身边的人无私付出，甚至做了很多超过自己工作范畴的事情，可以说是将所有旅客视作亲人，这种精神影响着我们，让这个时代多了一分温暖！

汤杰老师还与我们分享了他多年以来所积累的工作经验，令我们受益匪浅。

汤杰老师说，要做好工作，需要一种脚踏实地、默默付出的工作态度。作为一名为群众服务的工作人员，就要不怕麻烦，无私奉献，尽自己之所能。要有一双善于发现的眼睛，一颗乐于服务的心，一张会说话的嘴，这是他给自己提出的工作要求，更是对我们这些即将踏入社会的年轻人的期待。汤老师说过的最令我难忘的一句话是："服务行业，一定要有一颗能够忍受委屈的心，也要有一颗寻找快乐的心。"这句话为我未来的工作点明了方向，让我本来很迷茫胆怯的心顿时有了希望。没有风雨的人生不会精彩，这句话看起来简简单单，但是真正做起来甚至坚持几十年，真的不容易，这也是汤老师被千千万万名旅客当作家人的重要原因。

我们从汤杰劳模的只言片语里，看出了他"无私奉献，淡泊名利"的爱岗敬业精神。他说："不付出就没有收获，付出了才可能会有收获。"在我们的人生中，最可怕的不是追梦路上的坎坷和荆棘，而是随时都会放弃的心。汤老师说："只有确立正确的人生观，多付出才会有收获。"这短短的几个字看似简单，却包含了无数艰辛——在客人那里受到的委屈，来自各方的压力，等等。能支撑他一直走到现在的，正是爱岗敬业的精神。作为新时代的大学生，为了能够在未来的职业道路上更好地发展，我们更需要学习这种爱岗敬业的精神。爱岗敬业不仅仅是个人生存和发展的需要，也是社会存在和发展的需要。爱岗敬业要求我们在工作上勤勤恳恳，不断钻研学习，一丝不苟，精益求精，无私奉献。如果想要实现国家富强，实现民族复兴的伟大中国梦，更加需要每个人保持一个爱岗敬业的态度，以正确的态度对待自己的岗位，努力培养自己的幸福感、荣誉感。一个人一旦爱上了自己的岗位，就会全身心融入工作，就会在平凡的岗位中做出不平凡的事业。

汤杰劳模给我们的八字箴言让我难忘："惜时努力，自强奋斗。"当代大学生需要珍惜现在的时光，养精蓄锐，趁着年轻多学一点，这将对我们今后有非常大的影响。汤杰劳模也对新时代大学生学习劳模精神提出了五点看法，分别是"技能的积累""价值观的培养""抗压能力""不怕困难，勇往直前的精神"以及"忍受委屈寻找快乐的心"。他希望我们能够珍惜时光，掌握更多的技能，"文凭不能决定一个人，人要不断地学习。"所以我们要趁着年轻，惜时努力，自强奋斗。

我们提倡爱岗敬业，即热爱自己的工作，牢记自己的职责，对工作勤奋有加，因为这既是一种普遍的奉献精神，更是最基本的职业道德规范。职业道德是关系一个人自我价值的重要标准，是实现人生价值的重要条件，是职业发展、事业成功的前提，这也体现出学校开设"劳模精神教育实验班"对当代大学生的重要意义。

（本感想由杨潇整理。参与访谈人员：杨潇、何玫、邱明珏、潘吉琪、周家俊、李婷婷、应倩）